浮生进退皆自然

吴海兵◎编著

中国言实出版社

图书在版编目（CIP）数据

浮生进退皆自然 / 吴海兵编著. -- 北京 ：中国言实出版社，2018.10

ISBN 978-7-5171-2934-9

Ⅰ．①浮… Ⅱ．①吴… Ⅲ．①道家②《道德经》—通俗读物 Ⅳ．①B223.1-49

中国版本图书馆CIP数据核字（2018）第228074号

责任编辑：丰雪飞
责任校对：崔文婷
责任印制：佟贵兆
封面设计：朝圣设计

出版发行　中国言实出版社
　　地　　址：北京市朝阳区北苑路180号加利大厦5号楼105室
　　邮　　编：100101
　　编辑部：北京市海淀区北太平庄路甲1号
　　邮　　编：100088
　　电　　话：64924853（总编室）64924716（发行部）
　　网　　址：www.zgyscbs.cn
　　E-mail：zgyscbs@263.net
经　　销　新华书店
印　　刷　北京飞达印刷有限责任公司
版　　次　2019年1月第1版　　2019年1月第1次印刷
规　　格　710毫米×1000毫米　　1/16　　13.5印张
字　　数　160千字
定　　价　49.80元　　ISBN 978-7-5171-2934-9

前　言

南怀瑾先生与道家的因缘

　　知君两件关心事，世上苍生架上书。

　　这是南怀瑾先生的友人为他所作的诗句，词浅而意深，如此概括南师的一生是再合适不过了。比起"国学大师"、"传统文化传播者"等头衔，南怀瑾先生所关注的是"世上苍生"与"架上书"。

　　因为执着于"架上书"，南怀瑾先生自幼熟读经史子集，深得国学濡染，又于闲暇中跋山涉水，访求岩穴高隐之士，后又以三年时光隐居在峨眉山大坪寺，通览《大藏经》。在这样潜心治学的书斋岁月里，南师写下"月下听经来虎豹，庵前伴坐侍桑麻"，字里行间是静心修行的超然态度。终因放不下"天下苍生"，南师又走出书斋，四处奔波教化，讲述传统文化经典。他的讲演涵盖儒、

佛、道及诸子百家，兼及医卜天文、拳术剑道、诗词曲赋等各种国学精粹，让大众重温中华民族昔日的文化盛宴。

南怀瑾先生被大众所熟知，源于他对各派佛经的精辟讲解。事实上，南师在道学上颇有见地。他在《老子他说》、《中国道教发展史略》、《禅宗和道家》等著作中，详细而周密地讲述了道家的发展与沿革，并且旁征博引，将看似艰深的道家思想生动幽默地娓娓道来，"综罗百代，博大精微"的道家在文字里栩栩如生起来。

说来有趣，南师和道家的不解因缘，竟是始自顽童的嬉闹。他幼年时曾体弱多病，禁足在家，只有药香和书香为伴。虽然体弱，内心却极其仰慕武侠小说中武艺高强的侠士。读到忘情之处还亲身尝试，练习飞檐走壁，甚至跳梁倒挂。一次不慎从房梁上摔了下来，巨大的响声才让父母发现家中的顽童还有慕武之心。父母不但未责怪他，还请来老师指点，自此南怀瑾走上了习武之路。

因为习武，南怀瑾先生遇有一技之长的人，都将其视为老师。后来听说杭州城隍山上有一老道，已经修成"剑仙"，他便兴奋地前去拜谒。后来旅居四川时，又一路访道，结交了不少高人隐士，这其中不乏修道有成的道教名家。南怀瑾先生在学武之余，开始对广博精微的道学产生了兴趣。他原本一心尚武，后来悟到武力易滋生事端，所以止戈为文，专心悟道参禅去了。南怀瑾先生虽然未曾在武学上有所建树，却成为后世的道学、佛学大家。

前人论及有关道家学术，大多是局限在老子、庄子的思想范围内，在南怀瑾先生看来没有能够周罗道家学术的全貌。而实际上，自两汉以来，道家已摇身变作道教，这其中千丝万缕的联系，若不通晓，实在是道学研究的偏颇。所以南怀瑾先生说道，不只是局限于先秦的老庄道学，也涵盖两汉以来的道教，意在展

浮生进退皆自然

示一幅真正的中国道学发展图谱。

　　本书希望能撷取南师思想中的精粹，又敷衍开来，融入笔者的领悟心得，再从旁辅之以史料故事，希冀描摹中国道家的概貌。虽然有管中窥豹之嫌，但如果读者能在悉心阅读之后，觉得道家一斑，也便是本书的目的之所在了。

吴海兵

2018年8月

上篇 / 以道名家，漫溯道家清流

下篇 道教之兴隆与衰微

第十三章 / 观经问术，静心修道

附 篇

上篇

以道名家，漫溯道家清流

第一章　老子已乘青牛去，世上长存《道德经》

问道先溯源流——"黄老"之说的由来

提起道家，人们往往想起"黄老说"。到底何谓"黄老"呢？南怀瑾先生在《禅宗与道家》一书中告诉我们，自秦、汉以后，学者们往往以黄、老并称，认作道家的宗祖。所谓黄，便是指黄帝；老，当然就是老子。"黄老"原来就是黄帝+老子的组合。这对"黄金搭档"中，老子作为道家始祖的身份得到公认，而黄帝的资格认证就比较复杂了。

黄帝是远古时代华夏民族的首领。传统上便把黄帝和炎帝并称为中华民族的始祖。司马迁在《史记》里这样说黄帝——"生而神灵，弱而能言，幼而徇齐，长而敦敏，成而聪明"，可谓极

尽溢美之词。而在众多远古传说中，黄帝与其随从播
百谷草木，创造文字，制作衣冠，建造舟车，发明指
南车，定算数，制音律，创医学，开创了中华民族古
代文明先河。

　　一个人能完成这样的丰功伟绩，实在是叫
人惊叹，也让人难以相信。难怪司马迁说黄帝
"生而神灵"，除了天生的神仙，
谁能在有限的生命中完成这样的壮举

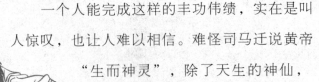

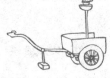

呢？读到这里，不由得莞尔一笑，知道这其实是不可能的，并
且可以想到，这是我们的古代先民把模糊不清的历史都算在了
黄帝的头上。

　　而黄帝成为道家的始祖，这中间也就有这么一点"模糊论"
的色彩。但在南怀瑾先生看来，也是出于"学术上的谨慎忠实"
的需要。南怀瑾先生告诉我们，历史上除了承认黄帝是中华民族
的先祖以外，几乎没有能够证明他学术思想的史料。而《黄帝内
经》和《黄帝阴符经》，后世很多学者也认为是后人的伪书。想

为文化寻根溯源,要上溯到黄帝之前,除了一些远古传说以外,就缺乏可信的史料文献,于是便以黄帝为始祖,将中华先民所有的思想文化一并划归到黄帝门下,加以尊崇。后世之人又多"贵古而贱今",所以各家都把自己的思想源头归并到黄帝和神农氏。司马迁曾经在《史记》中说"先序今而上至黄帝,学者所共术",就是这个意思。

另外,道家认为它的学术渊源是远绍黄帝,其中也隐含了这样的意思:表明道家的学术思想并非是虚妄之言,道家也是遵循着上古文化正统传承的观念。这就为道家也打上了"合格"标签,不是"三无产品"了。

并不是道家一家以黄帝为始祖,诸子百家都有这个倾向。事实上,道家思想萌生之初并没有清晰的道家、儒家,以及诸子百家的界限。这些学派最初都是以三皇五帝为思想渊源的。南怀瑾先生称这一时期为"儒道不分"的时期,他在《中国道教发展史略》中说,公元前七百余年,儒家与道家才开始各立门户。此后,诸子百家学术思想从繁入简,分而又合。汉武帝时期史官司马谈在《论六家要旨》中,开始将百家首次划分为阴阳、儒、墨、名、法、道六家。

从这样的划分开始,后世学者讲道家,描画出了一派道家"家谱":认为道家学术思想大抵是由老子传关尹子与庚桑子、庚桑子传壶子、壶子传列子、列子传庄子,这样就把道家思想约束在了一条线上。按南怀瑾先生的意思,这样的划分难以展现出道家"综罗百代,广博精微"的特点,所以我们在认识道家的时候,就要避免这样的局限,以更宽广、包容的心态和视角去仔细探求"道"的发展。

稷下黄老学派

齐宣王时，在国都临淄城的稷门设立了稷下学宫，招致各派学士来此，相互交流、论辩，黄老道家就是其中很繁盛的一支。他们以道家"黄老之言"为学派的指导思想，其特质是"因道全法"，视"道"为主干、"法"为枝叶，带有明显的道法结合的性质。所以既讲道德，又主刑名；既尚无为，又崇法治。将老子思想中的政治权谋进一步发展，形成了一套道法互补的治国之术。

再说老子——青牛已出函谷关

"提起老子，真是一个千古绝妙的人物。"

南怀瑾先生在谈道家时，曾有过这样的结论。要认识老子的

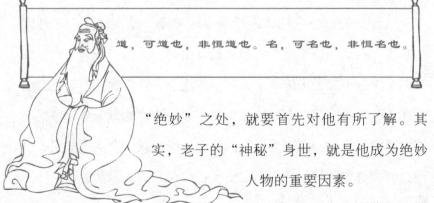

道，可道也，非恒道也。名，可名也，非恒名也。

"绝妙"之处，就要首先对他有所了解。其实，老子的"神秘"身世，就是他成为绝妙人物的重要因素。

老子的身世，后世难有定论。他是谁，生活在哪个年代，这些都成为人们一直争论不休

的"悬案"。而造成这一历史悬案的"肇事者"却是司马迁。司马迁在《史记·老子韩非列传》中为老子写传记，采用了单纯记录传说逸闻的方式，把前代关于老子的传言一一辑录，形成了一篇颇为符合现代新闻通稿标准的文章。不过，司马迁虽然记录了多种说法，但从他的笔法来看，司马迁把他最信任的一种说法列在文首。

"老子者，楚苦县厉乡曲仁里人也，姓李氏，名耳，字聃，周守藏室之史也。"守藏室是周朝典籍收藏之所，老子当时的身份也就相当于现在的国家图书馆馆长。老子博览群书，学问渊博，声名也日渐远播。司马迁说"孔子适周，将问礼于老子"，于是有了这样的故事。

孔子对弟子南宫敬叔说："我听说老聃博古通今，知礼乐之源，明道德之要。我想要去请教他，你愿意跟我同去吗？"南宫敬叔当然欢欣雀跃，陪孔子千里迢迢前往周。与老子的会面使孔丘感叹不已，获益不浅。

回到鲁国，等候多时的众弟子问老师可曾见到老子，老子又是何等模样。孔子是这样告诉弟子的："鸟，吾知它能飞；鱼，吾知它能游；兽，吾知它能走。走者可用网缚之，游者可用钩钓之，飞者可用箭取之，至于龙，吾不知其何以！吾所见老子，其犹龙乎！"把老子比做神秘莫测的龙，不能被捉住和参透，可见老子学问之深。

故事中可以看出老子在当时就已经名满天下，粉丝拥趸众多了。不过后世关于他的记载却不甚清晰，而能够承载他学术思想的文字史料也只有《道德经》五千文，这都是因为老子富于超越尘俗的修养，不求名利，有隐士之风。而老子在《道德经》里也表达了这样的思想——有智慧的人，必定是沉默寡言的。可是他又写下了五千字的《道德经》，这好像是在自己打自己了，所以后世诗人白居易写下嬉笑老子的七言绝句——

言者不如知者默，此语吾闻于老君。若道老君是知者，缘何自著五千文。

其实，老子的这五千文是被"逼"出来的。老子"五千文过关"的典故就解释了《道德经》的成因。

周敬王四年（前516年），周王室发生内乱，老聃早已预见周大势已去，决定离宫归隐。他骑一青牛，欲出函谷关，西游秦国。

话说函谷关守关官员尹喜忽然见东方紫云聚集，形如飞龙，由东向西滚滚而来，料定必然有圣人前来。尹喜也是好学之人，希望能问道于圣人，于是派人清扫道路四十里，夹道焚香，以迎圣人。

一个老人倒骑青牛踱过来了。尹喜连忙拜谒圣人，但老子是不吃这一套的，只可惜他没有通关的关牒，所以被拦下了。这就像我们现在没有护照，也是出不了国的。老子被困在这里，尹喜刚好乘机"索贿"，说只要能传道给他，就可以过关。被逼无奈之下，老子留下了五千字的《道德经》，这才向西而行，不知所踪了。

所以，南怀瑾老师笑称《道德经》是老子给尹喜的"变相红包"。玩笑归玩笑，还是要感谢尹喜，逼老子留下了这五千字，传于后世，成为道家经典著作。后人再说老子，所能依托的只有这价值连城的"五千文"了，而老子与他的青牛则早已出了函谷关，缥缈无踪了。

浮生进退皆自然

青牛

老子乘青牛出关，深有寓意。《易经》中乾、坤两卦所代表的精神是「天行健，君子以自强不息」；「地势坤，君子以厚德载物」。汉代人用马来比喻乾卦，而用牛来比喻坤卦。马代表的自强不息，合乎儒家入世进取的特点，而牛的温和稳健又合乎老子思想主旨。而老子乘的是青牛，因为古代阴阳家认为青代表东方，老子自东向西而行，所以是东方圣人。

轻描淡写五千文，千古一书《道德经》

道德经

玄之又玄，众妙之门

老子写下五千字，传道给尹喜。这洋洋洒洒的五千字包含了道家思想的精髓，也成为后世研究老子和道家的主要范本。实际上，这珍贵的五千字当初并不叫《道德经》，直到唐玄宗时期才给了它这样的尊称。它的名字还有《道德真经》、《老子》、《五千言》，等等。

《道德经》分上、下两篇，共八十一章，以前三十七章为《道经》，后四十四章为《德经》，故有《道德经》之名。严格意义上来说，这是中国历史上首部完整的哲学著作。现在可以看到的版本，有从湖北荆门郭店楚墓出土的竹简，也有长沙马王堆汉墓出土的甲乙两种帛书等。这里不纠缠于它的版本，来看看它的影响力，后世好几位皇帝都为《道德经》作注，这其中就有一代明君李世民。

唐太宗李世民最受后人称道的地方是善于用人，而魏征就是他的贤臣之一。魏征是从道观里走出的文人，他曾经在西岳华山做道士，青灯作伴，静思悟道。后来，魏征昔日好友元宝藏起兵反隋，魏征出山相助，掌管军中文书。魏征先后在李密的瓦岗军里任书记官，后又在李建成的太子府管理书籍，也算是史官。看来道家人物与史官的确有不解之缘。最后魏征受到李世民重用，玄武门之变之后李世民掌权，而魏征积极帮助皇帝"认祖归宗"。

李世民所认的"祖"就是写下《道德经》的老子——李耳，如此一来，李氏家族就显得更血统不俗。魏征道士出身，一本《老子》读了又读，并且认定老子不单在学术上有成就，是大学问家，可能还是神仙。因为只有仙人才能说出涵盖三玄三要妙义的五千字。于是他又鼓动太宗把老子再捧高一点，尊称太上老君，封为道教的宗师。这也更显得李氏家族显赫不凡，所以太宗当下应允，道教便成了大唐正式的国教，《道德经》也作为道教经典广泛传播。

《道德经》被道教尊为经典，但它所含内容又不仅仅是养气修心等修道内容，更包含了老子的哲学思想。它讲述了宇宙的根本、天地万物变化的玄机，也阐述了处世方略，是第一部用诗化语言阐述中国哲学的巨著。

鲁迅先生解读《红楼梦》时曾说："单是命意，就因读者的眼光而有种种：经学家看见《易》，道学家看见淫，才子看见缠绵，革命家看见排满，流言家看见宫闱秘事……"对《道德经》的解读也一样，不同的人从中读出的是不同的东西。后世许多人以一己之见将老子归入谋略学的主流，认为老子的谋略学是玩弄

浮生进退皆自然

阴谋之术。南怀瑾先生调侃说老子是替后人背了黑锅，只因其本意被后世曲解。老子处世讲求用阴柔，不用刚强，凡事顺其自然，顺势而行，不勉强而为，这并非狭隘的阴谋之术。借助一个历史人物的故事，可以为此佐证。

汉初，足智多谋的陈平与张良共同辅佐刘邦，为其出谋划策，虽然在刘邦最后评论之所以取得天下之时，仅提到张良、萧何和韩信三人，未对陈平有何评论，但陈平的确是一位深谋远虑的国相。

太史公司马迁在《史记》中记载，汉丞相陈平年轻时，酷爱钻研黄老之说，当他在砧板上分割祭肉之时，曾感慨："嗟乎，使平得宰天下，亦如是肉矣！"意思是：如果让我来分配天下，我也能像分肉一样让众人信服。陈平彷徨于楚魏之间，最终归附高帝，胸中多妙计，数次解救纷繁的危难，消除国家的祸患。吕后执政时期，诸事多有变故，但陈平能自免于祸，安定汉室，保持荣耀的名望终身，被称为贤相，难道不是善始善终吗？假若没有才智和谋略，谁能做到这一步呢？然而，陈平临终前说："我经常使用诡秘的计谋，这是道家所禁忌的。我的后代如果被废黜，陈家的血脉因之断亡，终归不能再兴起，因为我暗中积下了很多祸因。"果然，此后陈平的曾孙陈掌靠着卫青家亲戚的关系，希望能够接续陈家原来的封号，但终究未能实现。陈平说诡计是道

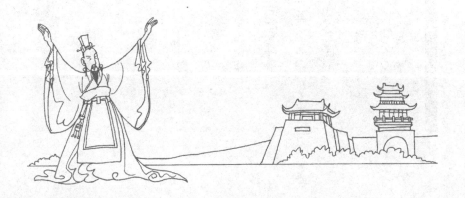

家所禁忌的，这就可以为道家明证，《道德经》绝非阴谋论。

要想把《道德经》的内涵完全表达出来，是十分困难的，尤其在入世应用之道方面，常常牵涉许多历史哲学上的问题。所谓的老庄之"道"，都是出世的修道和入世的行道，相互掺杂，只有研究史实，加以选择，透过事实的表层，才能抓住本质，接近形而上的道。因此，读老庄如读《孙子兵法》一样，所谓"运用之妙，存乎一心"，应用无方，妙用无穷。与其说老子是一位工于权术的阴谋家，倒不如说他是一位效法天道来谋求人道的思想家。而千古一书《道德经》自然也不是阴谋书了。

道家讲坛

《道德经》版本说

《道德经》亦称《老子》，它的版本过百种，不同年代王公贵族随葬品中，《老子》版本各有不同。今天可以看到的《道德经》最初的版本，是1993年湖北荆门郭店楚墓出土的竹简《老子》。而一般流行的是魏晋时期王弼作注的《老子》版本。另外，1973年长沙马王堆三号汉墓出土的甲乙两种帛书《老子》，是西汉初年的版本，它的不同在于把《德经》放在《道经》之前，也受到了学者的重视。

浮生进退皆自然

细说弟子后学

孔子有弟子三千，墨子有弟子百八十人，而老子的弟子后学却屈指可数。这当然与老子的隐士思想密不可分，他不愿意聚众传道。尹喜算是他不得已而"收"之的一个弟子。此后在历史上留下痕迹的"老门弟子"只有列御寇、杨朱等人，还有一些人如文子，若有若无，难有定论。

从老子以后，道家思想大致沿着两个方向展开：齐国稷下学派的一批人物，也就是前面提到过的"黄老学派"，他们以社会政治为中心，希望将老子的思想由形上追求转至形下操作，形成一套治国的谋略，而后者以列子、庄子、杨朱为代表，关注的是自我、自由与本真。这里要讲述的老子的弟子，就是指后面这批人。

从尹喜之后，较为有据可查的是列御寇，后人尊称为列子。在《庄子》、《战国策》等书里，可以找到关于列子的记载，可知他为战国初郑国人。不过司马迁所著《史记》里却没有为列子立传，或许司马迁觉得列子的传说成分太多，无法考证。

列子曾多次请教于关尹子，他的思想后世总结为两个字——"贵虚"，可以理解为虚静、清虚。主张摆脱人世间贵贱、名利的羁绊，顺应大道，淡泊名利，清静修道。

列子心胸豁达，贫富不移，宠辱不惊。虽然算得上是道家嫡传之人，但家境异常贫困，温饱问题都没有解决，妻子儿女多有怨言，列子却安之若素。当时有人劝郑国当政者子阳接济一下列子，从而博个好士之名。子阳觉得办法不错，就派人送他十车粮食。列子再三拒绝。列子妻很不高兴，对他哭诉："我听说有道的人，老婆孩子都能跟着沾光，结果我却经常挨饿，连送到门口的粮食都吃不到。"列子安抚自己的妻子说："子阳是听了别人

的话才送粮给我，以后也可能听别人的话怪罪我，所以我不能接受。"结果一年后郑国发生变乱，子阳被杀，其党众多被株连致死，列子和家人因为与他没有瓜葛而安然无恙。

传说中列子贵虚尚玄，修道炼成御风之术，可以在春天乘风四处游历。基本上提前进入了飞行时代，他这个飞行还很环保，不消耗燃料，据说所到之处还枯木逢春。庄子在《逍遥游》中就描述过列子乘风而行的情景："泠然善也，旬有五日而后反。"列子上承老子、关尹，下启杨朱、庄子，是先秦道家学派发展的一个重要环节。而杨朱这个人，争议就比较大了。

杨朱是战国初期的道家人物，人们也叫他杨子、阳生。他的思想散见于《庄子》、《孟子》、《韩非子》、《吕氏春秋》、《淮南子》、《说苑》等古籍中，大体思想是全性保真，重生贵己。后世人总是把杨朱和"一毛不拔"联系起来，实在是有点冤枉他。

杨朱跟墨子同一时期，他反对墨子的"兼爱"，主张"重己"，也就是重视个人生命的保存，反对他人对自己的侵夺，也反对自己对他人侵夺。大家都觉得杨朱自私，于是墨子的学生禽滑厘问杨朱："如果拔你身上一根汗毛，能使天下人得到好处，你干不干？"杨朱觉得天下的问题一根汗毛是不能解决的。禽滑厘继续逼问："假使能的话，你愿意吗？"杨朱默不作答。

这个故事让孟子对杨朱十分不满，说："杨子取为我，拔一毛而利天下不为也。""一毛不拔"的成语也就来源于此，比喻非常吝啬自私。

其实，杨朱并非孟子所贬斥的那样，是一毛不拔的"为我"自私者，杨朱不损己而利人，但也绝不损人利

浮生进退皆自然

己。他的想法是人人都有这种合理的利己主义的话，天下就没有所谓的利与损了，大家都能平等快乐。

杨朱在生活中实际是一个非常有意思的人。有一次他外出到了一个岔路口，竟然哭了起来，因为这让他联想到了人生的歧路，所以感到悲伤。另一次，他的弟弟出门时穿了身白衣，回来时因为下雨就在外面换了黑色的衣服，结果家里的狗竟然朝他吠叫，弟弟气得要打狗，杨朱连忙为狗求情："你不要打它。假设这狗在出外时为白色，回来时却变成了黑色，难道你不同样感到奇怪吗？"

从这些故事来看，杨朱是一个有些诗人情怀的人，多愁而善感，也愿意从对方的角度来考虑问题，并不是孟子所贬斥的那种完全不顾他人、自私自利的小人。可惜杨朱碰上了孟子这个善于雄辩的人，便被归在"铁公鸡"一类，成了"一毛不拔"的典型。

四子真经

道教有四大真人，教徒们将其视作老子的四大弟子，他们所著的书就称为「四子真经」。分别是：

《南华真经》：南华真人庄周所著，又名《冲虚至德真经》。

《冲虚真经》：冲虚真人列御寇所著，又名《冲虚至德真经》。

《通玄真经》：通玄真人文子所著。

《洞灵真经》：洞灵真人庚桑楚所著。

第二章

道家集大成，庄子《逍遥游》

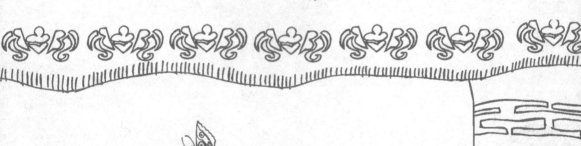

庄子——身处污渎，哀在万世

一次，庄周做梦了，梦中的自己是一只蝴蝶，飘飘然的。庄周觉得十分轻松惬意，全然忘记了自己是庄周。醒来后，发现自己还是庄周，他顿感疑惑：不知是庄周做梦变成蝴蝶呢，还是蝴蝶做梦变成庄周。

这是《庄子·齐物论》中的一个故事，也就是我们所熟知的"庄周梦蝶"。唐代诗人李商隐的《无题》诗中的一句"庄生晓梦迷蝴蝶"，取的就是这个典故。故事的主角庄周就是我们所说的庄子。庄子生在战国年间，名周。司马迁在《史记》里说他与梁惠王、齐宣王同时代。就是这个爱"白日做梦"的人，南怀瑾先生相当推崇，甚至说"直到现在，每一个知识分子，每一个文学家，每一个思想家"都受到他的影响。

影响如此广博的庄子，在他所生活的年代里，却始终过着贫苦的生活。庄子曾经做过漆园吏。所谓漆园吏，大致是保管一下漆器等物品，可能相当于现在的物资保管员。后来他连这个小官也懒得做，自去逍遥了。虽然说逍遥，但实际上生活很艰苦。他住在破败狭窄的小巷，以编草鞋为生。这倒是和早年的刘备干同一种营生，可惜刘备有贤人相助，庄周总是遭人嗤笑。

《庄子·山木》说，一次庄子身穿满是补丁的衣服，脚踩破鞋去拜访魏王。魏王见了他，说："先生看起来很疲惫啊！"庄子纠正道："是贫穷，不是疲惫。士有道德而不能体现，是疲惫；衣破鞋烂，是贫穷，不是疲惫，这是因为我生不逢时！腾跃的猿猴生活在高大的楠木、樟树上，它们攀缘其枝而往来其上，逍遥自在，即使善射的后羿、逢蒙再世，也无可奈何。可要是在荆棘丛中，它们则只能危行侧视，怵惧而过了，这并非其筋骨变得僵硬不柔灵了，乃是处势不便，未足以逞其能也。"

庄子说自己生不逢时，并非是说没有飞黄腾达的机会，而是觉得天下昏暗无道，人民困苦。他索性连物资保管员也不做了，直接辞官。后来有多位君主希望召他为臣，庄子一概

拒绝，并且举例说，这就像是用来祭祀的牛，平常养尊处优，而到了要被杀的那一天，想当污泥里的猪都不可以。庄子宁愿身处污渎，也不愿意被昏君羁绊住手脚，所以选择终身不仕。

虽然一生淡泊名利，主张修身养性、清静无为，但庄子的内心深处却有着对天下苍生的悲哀和痛惜。不愿意同流合污，所以庄子选择退隐，正因为人生有太多不自由，庄子强调率性。宁愿在贫贱生活中自得其乐也要远离仕途，这其实就是对现实情形过于黑暗污浊的一种强烈的觉醒与反弹。

清代学者胡文英在《庄子独见·庄子论略》中写道："庄子眼极冷，心肠极热。眼冷，故是非不管；心肠热，故悲慨万端。虽知无用，而未能忘情，到底是热肠挂住；虽不能忘情，而终不下手，到底是冷眼看穿。"这样的描述对庄子是很适用的，南怀瑾先生也说，痛苦的累积叫人生。人生可以解脱痛苦，就一定得到逍遥自在。

现在反过头看庄周梦蝶，庄周在梦中得以变作飘然蹁跹的蝴蝶，无忧无虑，而醒来后又不知道自己到底是蝴蝶还是庄周。真实与虚幻已经浑然一体，是不是蝴蝶，或者是不是庄周都已经不重要了，有的只是心里的一方净土。庄子身处污渎，但哀在万世，却又能看穿看透，所以得到解脱。南怀瑾先生强调庄子对于知识分子的影响，就是因为他们能从庄子那里得到内心的宁静，在众多严苛规则中发现率真的自己。

庄子钓于濮水

《庄子·秋水》中记载：庄子在濮水岸边钓鱼，楚王派了两位大官去游说他做官，说：「楚王想以国家大事劳烦你。」庄子拿着渔竿头也不回地说：「我听说楚国有一只神龟，死的时候已经三千岁了，楚王派人用丝绸盖着它装进竹箱供在庙堂里。这只神龟是宁愿死去留下尸骨来显示尊贵呢，还是宁愿活着拖着尾巴爬行在污泥中呢？」

两位大官说：「宁愿活着拖着尾巴在污泥里爬。」

庄子说：「请回去吧！我要拖着尾巴爬行在污泥中。」

《庄子》——吐峥嵘之高论，开浩荡之奇言

庄子是战国时候道家思想的集大成者，他对老子的思想观点有所发展，而且庄子不像老子那样"惜墨如金"，他用瑰丽的文字承载自己的思想，为后世留下了《庄子》一书。后来道教将此书尊称为《南华真经》或《南华经》，庄子也摇身一变，成了道教徒口中的"南华真人"，得道成仙了。

《庄子》博大精深，包罗万象，从古至今，影响了无数文学家、思想家。从体例上看，它共有三十三篇，分《内篇》、《外篇》和《杂篇》。据学者考证，只有《内篇》是庄子写的，《外篇》、《杂篇》多半是其弟子假托庄子之笔所著。不过南怀瑾先生认为，要研究道家思想，《外篇》和《杂篇》也极为重要，历代君主人臣都从中研修帝王之术、用兵之道、谋略之学，后人齐家修身也多能从中获得深刻启示。

南怀瑾先生在《庄子讲记》里将《内篇》七篇作为一篇连贯的文章进行解读。第一篇《逍遥游》，讲人如何升华而得到解脱。第二篇《齐物论》，讲人只有解脱以后才能谈齐物，才能使身心内外达到形而上的绝对的"齐一"之道。齐物以后可以养生，第三篇就讲《养生主》，即如何在现实环境中，自然洒脱地生活，自在地为人处世。真正善于处世的人，便是得道之人，即使世路难行，仍会执着而往，因此便会入世。第四篇便讲到《人间世》。《德充符》是第五篇，阐述道的充实，道是每个人修养学问的内涵，德是用世之道，世路难行，要想领悟入世的艺术与智慧，必须充实德行。第六篇是《大宗师》，只有内外修养达到了，道德内在充沛了以后，才可称为"大宗师"。然后可以《应帝王》，入世再出世，可以为王者师。足以领导

天下国家的人，非有道之士不可，有道之士才可以做"齐家治国平天下"的帝王。

通天下一气尔

《庄子》内七篇的前六篇，是人生六部曲，只有经过了这六个步骤，具备了入世出世这两种修养，才算一个人的完成，也只有这样的人才够得上称为"大宗师"。这个"大宗师"就是儒家所讲的成就了的君子，因此《大宗师》下半部也包括了《礼记》中所谓的儒行，这也是道家庄子思想与儒家思想的异曲同工之处。

通篇读来，南老为我们理出一条清晰的脉络，仿佛一条长线，将七颗散落的明珠串在一起，闪烁着智慧的光芒。从第一篇《逍遥游》讲如何解脱，到怎么样悟道、怎么样修道，然后到《大宗师》的修道的完成，既可以出世又可以入世。庄子的重点偏向于出世，偏向于形而上道；而其"用"，则是偏向于入世的，这也是中国文化中道家之所以不同于儒家、佛家之处。

《庄子》中的这些哲学思想、政治主张，绝对不是用干巴巴的说教展现的，而是通过一个个生动形象、幽默机智的寓言故事，通过汪洋恣肆的语言文字，巧妙活泼地表达出来，全书仿佛是一部寓言故事集。比如《庄子》一书中提到一个人物惠施，出场率比较高，经常跟庄子做一些口舌之辩。从他们交往的频繁来看，惠施应该是庄子仅有的朋友之一，不过这个人的人生观、价值观就狭隘得多了。庄子用一个比喻就清晰地表明了他们的差距。

《庄子·秋水》中说，惠施在梁国做了宰相，庄子想去拜访拜访这位好朋友。惠施听到消息之后，不喜反忧，他担心以庄子的才能，来了之后会取而代之，于是派人在国都中搜了三日三夜，想阻截他。结果庄子还是来了，给惠施讲了个故事："南方有只鸟，其名为鹓雏，这鹓雏展翅而起，从南海飞向北海，非梧桐不栖，非练实不食，非醴泉不饮。这时，有只猫头鹰正津津有味地吃着一只腐烂的老鼠，恰好鹓雏从头顶飞过。猫头鹰怕鹓雏跟它抢死老鼠，急忙护住，仰头视之道：'吓！'看起来您也想用您的梁国来吓我啦？"

庄子如鹓雏，惠施如吃腐鼠的猫头鹰，这样精妙的比喻令人称奇。而在《庄子》一书中这样的精彩之处比比皆是。《庄子》里有国君、官吏、奴仆、农人、姬妾、屠夫、巫祝、美女、丑妇、隐士、畸形怪人……各色人物构成了一幅异彩纷呈的战国生活图谱。文字如行云流水，行所欲行，止所欲止，汪洋恣肆，变化无端。后人在思想、文学风格、文章体制、写作技巧上受《庄子》影响的，可以开出很长的名单，即以第一流作家而论，就有阮籍、陶渊明、李白、苏轼、辛弃疾、曹雪芹等，由此可见其影响之大。诗仙李白对《庄子》评价甚高，他笔下的《庄子》正是：

吐峥嵘之高论，开浩荡之奇言。

子非鱼

这是庄子和惠施很有意思的一次辩论。他们在濠水的桥上游玩时，庄子说："鱼在河水中游得多么悠闲自得，很快乐呀。"惠施说："你不是鱼，怎么知道鱼的快乐呢？"庄子说："你不是我，怎么知道我不知道鱼的快乐呢？"惠施说："我不是你，所以不知道你；那么你不是鱼，也就当然不知道鱼的快乐。"庄子说："请从我们最初的话题说起。你说'你哪儿知道鱼快乐'的话，说明你已经知道我知道鱼快乐而在问我。我是在濠水的桥上知道的。"

意在于此，寄言于彼

庄子是个哲人，同时也是个令后世文人着迷的文学家。有后世学者说："庄子之文，长于譬喻，其玄映空明，解脱变化，有水月镜花之妙。且喻后出喻，喻中设喻，不啻峡云层起，海市幻生，从来无人及得。"可见善用比喻，是庄子为文的一个重要特征。他使用一个个精妙的比喻将原本生涩的道理讲得清晰明了，引人深思。

南怀瑾先生说，世界上最高深的道理，同人的最深厚的感情一样，语言文字是没有办法表达的，无论哪国语言都没这个功力，否则人们之间也就不会有那么多误会。"譬如怎么表达哭，只有哭了才晓得，就是这个道理。但是也有最高明的人，不能表达的东西，可以转个弯来表达，那就是用比喻来表达。"

　　庄子就是南师口中那种"最高明的人"。《庄子》一书里，到处是生动的寓言故事，角色有古有今，也假借知名人物来宣说义理，比如庄子经常借孔子的口来说道理。而借到无可借的时候，庄子还会虚构一些人当他的代言人。除此以外，还出现不少的动物角色，也有神话传说中的奇珍异兽，更有神仙、怪人……每个角色都能演绎一段传奇。初读觉得荒唐而不着边际，再读，三读，就能发现庄子的良苦用心。他意在于此，又寄言于彼，虽然绕了弯，却让你对故事中的道理更加明了。这里列举几个有名的例子。

　　庄子为人送葬时经过了老朋友惠施的坟墓。庄子很凄然地对身旁的人说："过去有一位郢都人在自己的鼻尖上抹了一层薄薄的白粉，薄得就跟苍蝇翅膀似的。他对面站着一个名叫匠石的人，挥动一柄锋利的大斧，大吼一声，就对准对方的鼻子一阵风似的劈过去。只见光一闪，白粉全被劈尽，而鼻子一毫未伤。那郢都人站着纹丝不动，面不改色。后来宋元君听说了，就把匠石召去要他表演。匠石说：'我是会使用斧头，但问题是我那位鼻子上抹石灰的搭档死了啊。'"庄子讲了这个故事，叹了口气说："自从惠施先生死去之后，我也失去了自己的搭档，我还有什么话可说啊！"

　　庄子和惠施的关系比较奇妙，人们常说志同道合，但这二人不像是这种关系的朋友。庄子淡泊名利，而惠施追名逐利。庄子经常在文章里数落惠施的不是，经常和他做口舌之辩。著名的"子非鱼"就是其中一例。两人虽然常互相抬杠，但惠施

死以后，庄子还是感觉到缺憾。天地间总是存在着这样的"双生物"，正与反、阴与阳，互相抵制，但又共生共长，若一方消失了，另一方也就无所存了。除了用这样的故事比喻自己和友人的关系，庄子也借助一些故事来说明道理。

越国美女西施患有心痛病，心口痛时总是用手按住胸口，紧紧地皱着眉头。人家觉得她这副病态的表情比平日另有一种妩媚的风姿，所以争相夸赞。西施的邻居东施，奇丑无比，但她听见众人的评语，也模仿西施的病态表情：用手按住胸口，紧紧地皱着眉头，自以为也能引得大家的倾慕。可是看见东施这副怪模样的人，都作呕不止。

美与丑不过是人为的假设对立

南怀瑾先生说庄子的这个寓言，就是说明不要建立一个美的标准。因为美与丑、善与恶，都是人为的相对假立，本来没有绝对标准。如果硬要定下一个标准，鼓动人人模仿，就很容易闹出这样的笑话。这样的道理说起来淡而无味，但如果结合着寓言故事，便另有一番风味了。

《庄子·天下》中故意用一些虚空悠远的话语、没有边际的言辞，因为他认为天下人沉湎于物欲而不知觉醒，用端庄不苟的态度通他们讨论问题是不行的，反而要不受拘束地随意铺陈。所以他意在于此，又寄言于彼，用先辈圣哲的话语让人信以为真，用委婉的寓言故事来转述自己的胸臆，从而有"喻后出誉，喻中设喻"的《庄子》横空出世。

道家讲坛

得鱼忘筌

对于语言的作用和妙处，庄子说："筌者所以在鱼，得鱼而忘筌；蹄者所以在兔，得兔而忘蹄；言者所以在意，得意而忘言。吾安得夫忘言之人而与之言哉！"意思是竹筌是用来捕鱼的，捕到鱼后就忘掉了鱼筌；兔网是用来捕捉兔子的，捕到兔子后就忘掉了兔网；言语是用来传告思想的，领会了意思就忘掉了言语。我怎么能寻找到忘掉言语的人而跟他谈一谈呢！

庄子承道家衣钵，变质朴为英气

司马迁说庄子："其学无所不窥，然其要本归于老子之言。"从《庄子》内七篇来看，他的学说确实是继承老子而来，在老子后学中，庄子无疑算得上是集大成者。可以说，庄子接过了道家的衣钵，发展着老子的思想。但他的学说又不是完全局限在老子的五千文中，南怀瑾先生说："庄子的学术，与老子的思想，已经大有不同了。孟子学术，不比孔子的精纯，已稍杂有霸气。庄子的学术，也不比老子的质朴，也杂有英气的成分。"这样的阐述中可窥见庄子对老子学说的发展之处。

庄子才华横溢，语言风格汪洋恣肆，他总是能通过活泼奇特的寓言故事来阐发深邃精妙的哲理。比较之下，老子留给世人的五千文，多是质朴简练、直抒胸臆的，而庄子则糅合了英气，以

浮生进退皆自然

浪漫笔调将"道"娓娓道出,并做出了细致而周密的论证。

老子认为天地之本乃"道",他是直接抒发的,而庄子则进行了铺陈论证。《庄子·知北游》中讨论物与道的关系时说:"有先天地生者物邪?物物者非物。物出,不得先物也,犹其有物也,无己。"庄子是这样推理的,天地万物都是"物",而在这个"物"以前,必然有产生它的东西,这个"生产者"就不能是"物"了,因为如果是"物"的话,"物"就是"物",又何所谓产生呢?而如果不是"物",那就是"非物",给这个"非物"一个名称就是"道"。以此论证"道"就是天地万物之源。

而"道"之前又是什么?庄子认为这样的询问毫无意义,因为"道"不是"物",它不是一个实体,而是被看作宇宙的终极原因。就人目前的认识能力来说,这是我们的理性仅能达到的程度,再往上推论则无穷无尽,反而更为混沌神秘了。

对于"道"和"物"的关系,庄子也进行了更细致的探究。他认为道无所不在,万事万物中都有道,从这个意义上来讲,万事万物也就是"齐一"的,从而发展出了"齐物论"。不过"道"又高于万物,万物由"道"分出来,所以"道"大而全,而万物则小而偏。

《庄子·齐物论》中说:"大音希声。"他认为琴声不过表现了声音的一小部分,如果弹琴,不过是挂一漏万,而如果弹琴者不去弹琴，不发出任何声音，也就没有声音的遗漏。而"道"就是这个无声的琴，是没有偏失、广纳一切的。

此外，老子的"道"主要是宇宙论及本体论意义的"道"，而庄子则进一步将其转化而为心灵的境界。老子讲道，比较客观而外在，他是对天地之母、万物之始的探询。而庄子的道，相对来说更偏向内心体验的境界，由外在客观进入了主观体验与实践。庄子为人们开拓出了一个辽阔无边的精神空间，使人可以突破世俗的藩篱，精神得到极大的自由，而至于一种"逍遥"的境界。

《庄子》与《道德经》相比，涉及的知识范围更加广博，而且多理论和譬喻，所以显得比《道德经》更加难懂。南怀瑾先生戏称，《庄子》中所涉及的都是属于当时理论物理的学识，不只是纯粹的思想而已。所以理解起来也就需要更为悉心一些了。

浮生进退皆自然

林语堂看庄子

文学家林语堂先生偏爱庄子，他眼中的庄子就是有真我本性的人。林语堂说："我们在生活的追求中常常忘掉了真正的自我，像庄子在一个美妙的譬喻里所讲的那只鸟那样，为了要捕捉一只螳螂而忘掉自身的危险，而那只螳螂又为了要捕捉一只蝉而忘掉自身的危险。"

林语堂认为孟子和庄子分别继承孔子和老子，他们著述的中心内容都是"去发现并取回已经失掉了的东西——据孟子的见解，这里所失掉的便是「赤子之心」"。

道儒之辩，殊途而同归

庄子在他所著的《庄子》内七篇中，多次讲到儒生的故事，其中也包括儒家始祖孔子。表面上看起来，庄子老是揶揄孔子，搜集或是编造了孔子和其他儒生种种的尴尬之态。这其中当然体现了道家和儒家的争论之处，但南怀瑾先生认为不可以肤浅地认为，庄子就是完全反对孔子的学说的，所谓"正言若反"，很多地方庄子实际上赞同孔子，但他非要正话反说，所以造成后世的误解。

当然，道家和儒家的思想观点是不一样的，但并非一般人所认为出世和入世之分，而且把道家思想直接理解为出世和避世也是偏颇的。南怀瑾先生一直在强调，道家的思想实际上是介于出世和入世之间的，只是更注重自我内心的自由境界。道家经典著作《道德经》以及《庄子》，主旨都在于达到人生的最高境界，完成超世间、超物累的神人、真人、至人的标准。南怀瑾先生说老庄的所谓圣人、神人、真人、至人的境界，"必须要人人自觉自立，完成最高的道德标准，然后自成仁义道德，却不自居于仁义道德的名缰利锁之中，因此和光同尘，藏垢纳污以超越道德，而终其天年"。以孔子和孟子为代表的儒家学派，则是为了完成现实人生，建立伦常的规范，以安定现实世界为目的。南怀瑾先生说儒家集中在现实人生，而宇宙之外的东西就暂且不论了。也有学者认为儒学的形而上理论可以从《大学》、《中庸》中看到。比如《中庸》说"诚者天之道，诚之者人之道也"就是阴阳和合、相配消长的理论和人天耦合的理论。

但无论是道家还是儒家，南怀瑾先生认为他们对于社会人群，与人世间现实的世事，都有一个共同的愿望，是想建立长治久安，达到天下太平的局面。只是他们达到目的的途径有所不同。以孔孟为代表的儒家希望以仁义为教化，而以老庄为代表的道家则希冀以道德为要求。如此而言，道儒之学，殊途而同归，都是要建立一个比现实更美好的世界，只是对这个世界的设计有所不同罢了。所以老子驳斥仁义、庄子嬉笑儒生，并非否认孔孟所说的仁义与圣人，他们所不满的是当时挂羊头卖狗肉假仁假义之徒，是那些借仁义与圣人的名号满足私欲的人。

尽管道家和儒家不同道德范式的客观效果是一致的，但是他们之间的对立还是存在。这就是达到客观效果的途径，也就是所谓的"殊途"。孔子主张通过社会道德工具引导和规范人的行为，而庄子却反对使用这些道德工具。他认为如果设立道德的框架，就会使人异化，在刻意追求仁义道德中丧失本心真性。

道家讲坛

浮生进退皆自然

天刑

庄子把人的自我分裂叫作「天刑」，也就是人丧失了自己的真我本性，而这种违悖天性自然的做法就会受到惩罚。这是因为人们陷溺在「成心」的苦海中，就会变成「外物」的奴隶，所做的一切都会受到禁锢，而不得自由，就好像是上天的惩罚。

030

第三章

绵延数代，道学建教

稷下道派，由"学"而"术"

战国时期的齐国，出现了各派学者争鸣的繁盛景象，而学者们辩论的场所就在齐国都城临淄的稷门附近。这里算得上是中国最早的学术活动和政治咨询中心，后世也叫它稷下学宫。齐宣王好贤才，扩建学宫，招致天下贤士近千人，稷下学宫精英荟萃，成为战国时最有影响的学术中心。

文人学士们在稷下学宫干什么呢？主要是"不治而议论"。也就是不直接参加国家的治理，但是用他们各自的学术观点总论天下，互相辩论、批评。稷下学宫汇集了道、法、儒、名、兵、农、阴阳等百家之学，稷下道家也就在这个百家争鸣的场所里渐渐脱颖而出。

道家发展到这里，由"学"开始走向了"术"，稷下道家将老子学说中的"君人南面之术"发挥出来，引申为一套冷峻的政治权术，并最终促进了黄老之治。这其中的代表人物，《庄子》一书中有片段文字记述，从中可窥见一斑。

《庄子·天下篇》将宋钘和尹文并举，宋钘也就是后世所称的宋荣子。他们的思想受到道家和墨家的影响，后人称其为"宋尹学派"。《庄子·天下篇》说宋尹的思想主旨是"不累于俗，不饰于物，不苟于人"，这正是先秦道家对待万事万物的基本态度。不过他们又有墨家思想，希望推行"有为政治"，以此来补足道家清虚无为的不足。

除了宋尹学派，稷下道家中还有慎到。慎到认为"道"的本质是万物相等，在他看来，万物都有不足，因此也是"齐一"的。他的思想对后来庄周的"齐物论"有所启迪。他认为，高明的悟道者不会对万物评长论短，而是包容一切。不过，他的思想里也有"尚法"的成分。

此外还有彭蒙、田骈，学说都有道家倾向。田骈号"天口骈"，擅长演说。他们也主张"齐万物以为首"、"贵齐"，强调事物的齐一、均齐。认为对万物应取"莫之是，莫之非"的态度，"万物皆有所可，有所不可"。主张因循自然，不置可否，齐一万物，这显然是庄周"齐物"思想的先声。他们还提出行不教之教，认为"选则不遍，教则不至，道则无遗者矣"。这也是和庄周思想相合的。《吕氏春秋·执一》中载有田骈的话，云"变化应来而皆有章，因性任物而莫不宜当"，同样具有顺应自然、因性任物的道家思想特点。

田骈是齐国人，齐人唐子有一次在齐威王面前进谗言陷害

浮生进退皆自然

变化应来而唯有章，因性任物而莫不宜当。

田骈，齐威王于是想杀了田骈。孟尝君知道后救下他，把他接过来，给了他丰厚待遇。日后孟尝君问他对齐国还有什么惦念，田骈回答说："最感激的就是唐子，正是他陷害我，我才能得见您这样的君子，而改变了命运。"

关于田骈，后世褒贬不一。他虽未任职，却受到了上等的待遇。结果是他既没有官场所累，又能享受优厚俸禄。于是有人说他就像某些"邻人的女子"，口口声声说"不嫁人"，到了三十岁却又生了七个儿子。不用家务缠身，却又有天伦之乐。

众多道家的后继者们在稷下学宫传播道学，对战国末年的政治文化产生了重大影响。秦灭六国后，法治严酷，道学暂时陷入低潮。但汉灭秦后，黄老之学又开始复兴之路。

道家讲坛

南面之术

南面之术用于表示君王治国之术，来源于中国古代房屋建筑的特点。古代房屋建造讲究坐北朝南，面向门口也就是面向南方的位置，就尊为上席。所以"南面"就用来指君王，所谓的"南面之术"就是君王如何驾驭臣下的一套方法和权术。《道德经》中的确提到了这类南面之术，但笼统地认为它就是一本权术之书还是很偏颇的。

文景盛世以道治国

秦朝灭亡以后，又经过四年的楚汉之争，天下终于平定，刘邦建立了汉王朝，史称西汉。此时的西汉王朝，经济萧条，民生凋敝。当此之时，黄老学派开始兴盛起来。

思想文化的盛衰，总是有匡救时代弊端的意义。南怀瑾先生说道家学说是社会出现问题时的良方，此时的西汉王朝就正需要这样一剂良药。汉朝建立以前的频繁战乱，再加上天灾，留给汉初统治者的是一个人口死亡大半、土地荒芜，乃至"人相食"的凄凉景象。这个新建立的政权要想得以稳固，必须能够安抚人民。这靠儒家仁德教化思想是不够的，法家的激进思想更会激发矛盾。这样的情况下，只有崇尚"无为之治"的道家思想才能够满足要求。

所谓的"无为之治"，简单地说便是不去扰民，与民休息。而汉初统治者就采取了轻徭薄赋、休养生息的政策。汉高祖及其后的汉文帝、汉景帝等，都注意减轻农民的徭役和劳役等负担，注重发展农业生产。

无为而治

浮生进退皆自然

汉文帝即位后多次下诏劝课农桑，曾两次"除田租税之半"，即租率减为三十税一，有十三年还全部免去田租。文帝时，算赋也由每人每年一百二十钱减至四十钱，徭役则减至每三年服役一次。文帝还下诏"弛山泽之禁"，即开放原来归国家所有的山林川泽，从而促进了农民的副业生产和与国计民生有重大关系的盐铁生产事业的发展；废除了过关用传制度，有利于商品流通和各地区间的经济联系，对于农业生产的发展也有一定促进作用。

文帝自己也相当节俭，在位二十三年，宫室苑囿、车骑服御之物都没有增添。他所宠爱的慎夫人衣不曳地，帷帐不施文绣。他曾想建造一座露台，听说要花费百金，等于中人十家之产，就取消了这个计划。上有廉明之君，下面的贵族官僚也就不敢滥事搜括，奢侈无度。

同时，与刑律残酷的秦王朝相比，汉朝废除了秦代以来的大量严苛刑法。比如秦代有黥、劓、刖、宫四种肉刑，是古代残废肢体、残害肌肤、破坏身体机能的野蛮刑罚。汉文帝下诏废除黥、劓、刖，改用笞刑代替，景帝又减轻了笞刑。

促成汉文帝改革刑罚制度这一历史重大决策的，是一位年龄只有十几岁的民间小姑娘缇萦。

缇萦的父亲淳于意是一个医生，有一次为一个贵妇人治疗，病人早已经病入膏肓，无法医治了。结果淳于意却遭到了诬陷，被人说害死了病人。昏庸的官吏判他有罪，须受肉刑。由于淳于意曾当过官，所以应当被押送长安受刑。

淳于意最小的女儿缇萦要求陪同父亲一起进京，她要上书皇上，替父亲洗辩冤屈。他们到达长安后，请人代拟奏章，大胆上书汉文帝陈述冤情。缇萦说：“我父亲曾是齐地的一个小官吏，为官清廉，现在却因人诬陷要遭受肉刑。但是一个人被砍去了脚，就成了残废；被割去了鼻子，就不能再安上，即使他们想改过自新也不可能了。我情愿做官府的奴婢，替父亲赎罪，好让他有个改过自新的机会。”

汉文帝感怀于缇萦的孝顺，同时也认识到肉刑的残酷，所以同意了这个小姑娘的建议，下诏书改革了肉刑。

汉初统治者们都积极地避免战祸，无论是内乱还是外敌，若能和平解决，是不会轻易动兵的。南怀瑾先生曾经生动地讲述过“半壁江山一纸书”的故事：

当时南越王赵佗势力很盛，他自立为帝，与汉王朝分庭抗礼。但文帝即位后，并没有立即兴兵讨伐，而是派使臣出使南越，赐书赵佗。书信以晚辈对长辈的口吻写得极为恳切。同时文帝还为赵佗修葺祖坟，尊宠赵氏昆弟。而赵佗也回信一封，表示年岁已老，并无称帝之心。其后，赵佗表面上臣服大汉，实际上还是一方之主。但汉文帝睁一只眼闭一只眼，不过多干涉，两方得以相安无事，一场大的战乱就在双方的信件中消弭了。

文景两代皇帝用黄老之学治国，社会经济显著发展，流民还归田园。据《汉书·食货志》记载，由于国内政治安定，只要不遇水旱之灾，百姓总是人给家足，郡国的仓廪堆满了粮食。太仓里的粮食由于陈陈相因，致腐烂而不可食，政府的库房有余财，京师的钱财有千百万，连串钱的绳子都朽断了。这就是历史上有名的“文景之治”的盛景。道家学说的“救世”之功也就体现在这里，之后每一个新的封建王朝建立，差不多都会吸收道家“无为之治”的思想，与民休养生息，缓解战争创伤，从而赢得稳定政权的机会。

窦太后与黄老学

窦太后是汉文帝之妻，景帝之母。她是汉朝以道家思想为宗旨的主要幕后推手。窦太后一直信奉黄老之学，在她的影响之下，景帝和窦姓宗族都必须读《道德经》，并推尊其学说。她曾召儒生辕固生问他《道德经》是怎样的一部书，辕固生颇有些不识时务，说：「这不过是部平常人家读的书，没什么道理。」引得窦太后大怒，讥讽儒家苛刻残酷，还让辕固生与猪搏斗。她在世时，汉朝皇帝都不敢重用儒生，由此可见其政治上的巨大影响力。

《淮南子》——综百家而首推道学

汉初实行黄老之治，数年后，汉代学者们开始对这些理论进行整理，而《淮南子》就是这些理论总结中的集大成者。

《淮南子》又名《淮南鸿烈》，所谓"鸿"，就是广博之意，而"烈"则是光明的意思，此书想要阐发的是广博而光明的道理。这是西汉宗室淮南王刘安召集宾客，在他主持下编写的。刘安是当时皇室贵族中学术修养颇深的人，他召集宾客方术之士数千人著书立说。《汉书》中记载《淮南鸿烈》有"《内书》二十一篇，《外书》甚众，又有《中篇》八卷，言神仙黄白之术，亦二十余万言"。可惜的是这部涉及范围十分广泛的文化巨著，如今留传下来的只有《内书》二十一篇。

关于该书的思想倾向，《汉书·艺文志》将它列入杂家，认为它内容庞杂，将道、阴阳、墨、法和一部分儒家思想糅合起来，实际上，该书是以道家思想为指导，吸收诸子百家学说，融会贯通而成，是战国至汉初黄老之学理论体系的代表作。

黄老之道崇尚清虚无为，去私心，寡人欲。但主持编著《淮南子》的刘安并没有这样的淡泊之心。刘安的父亲淮南厉王刘长，曾经因为"谋取"获罪。刘长在被流放的途中绝食而死，之后刘安被封为淮南王。刘安与他的父亲一样有着野心，他受封之后就开始积极备战，积累财富，同时贿赂汉王朝的地方实力派，企图一旦出现变乱就另立山头。为了招贤纳士，他广泛搜罗学者，同时编订了《淮南子》一书。

《淮南子》实际上也是针对刚刚登基的汉武帝刘彻而编订。刘彻登基时年仅十六，而大权还落在素好黄老之道的太皇太后窦氏以及诸窦、诸刘贵族手中。刘彻年轻气盛，一登基即重用主张加强王权的儒士出任将相。志在"尊王攘夷"，削诸藩，破匈奴，实施"大有为"之政。早有叛乱之心的刘安则为了反对武帝，主张因循旧范，无为而治。

在这场政治争论中，汉武帝的舅舅田蚡暗中也站到了刘安一边。田蚡曾经偷偷对刘安说："现在皇上年轻，还未立太子，倘若一旦有不测，除了您还有谁能即位？"实际上这个时候刘彻不过十七八岁，正值盛年，所谓的不测只能是突发的非正常死亡。国舅田蚡竟然与刘安私下计议安排关于刘彻的后事问题，并属望于刘彻这位老叔父做年轻皇帝的继承人。由此可见当时刘彻政治地位之孤弱及危险。而且窦氏临朝干政，罢免刘彻所任命的儒学将相，否定刘彻加强王权削弱诸侯的政策方向。这实际是一场未动干戈的宫廷政变。

此后淮南国贵族违法的事件逐渐有所败露，汉朝廷予以追查时，刘安终于发起叛乱。不过这场叛乱被迅速平定，而刘安被判定大逆不道的谋反罪，自杀而亡。淮南王虽死，却留下了《淮南子》，对黄老之学的发展有很大贡献。

《淮南子》继承了先秦道家的思想，但对道家"无为而治"的观点进行了改造，将无为解释为因势利导的主动行为。不过这个"为"，不是任意妄为，而是因循物性，尊自然之为，让无为和有为得到了统一。

在"君人南面之术"上，《淮南子》将道家"君无为，臣有为"的思想发展为"君制臣，臣事君"。认为君主也应该在无为之中有所作为，驾驭群臣，使得他们不能任意妄为。关键就在于对臣下的想法和态度做到心中有数，进行适当的调节，让他们心甘情愿地臣服。而对君主，《淮南子》继续推崇道家"处精尚俭"的精神，要求君主少私寡欲，清虚自守。这是和道家思想一脉相承的。

南怀瑾先生认为今天的人只把《淮南子》当作学术著作，有些偏颇。历史中的人文学术是难以完全超离于政治的。但反观《淮南子》成书之背景，可以看到汉初及建元年间的大形势，如此才能真正理解汉初儒道两个学派的争辩。

道家讲坛

《淮南子》中的帝王心态

《淮南子》推崇"神化为贵"，认为"无为之治"是否能顺利推行，要看君主的帝王心态如何。所谓的"神化为贵"，就是君主要能够以自己的精神风貌去感化众人，而不是靠刑罚和杀戮。所以君主要少私寡欲，清虚自守，严于律己，最终就能起到感化万民的作用。

魏晋玄学——名士风流崇放达

曹魏正始年间，社会上开始流行一种"玄学"思潮。"玄"出自老子《道德经》首章："玄之又玄，众妙之门。"当时的名士们都崇尚清谈，《道德经》、《庄子》、《周易》就是主要的谈资来源，这三本著作也被称为"三玄"。名士们借谈"三玄"，同时引申发挥，从而抒发自己的哲学见解，形成了所谓的玄学。其实玄学也可看作先秦道家思想在魏晋时代的转型。

魏晋玄学家们讨论的中心问题是"有无之辩"。简单地理解起来，有可看作具体的万事万物，而无则是大道。老子在《道德经》中就曾阐述过有与无的关系，魏晋玄学家基于此发展出了贵无论和崇有论，以此来探讨天地万物存在的根本原因和依据。贵无论者王弼认为，有与无是本与末、体与用的关系，有是以无为根据产生和发展的。与之相对立的观点便是崇有论，代表者如裴頠则认为天地万物存在的根据是有而非无。

当时的名士们都在清谈中讨论着这些"玄之又玄"的哲学问题，如果看到当时的社会背景，就可以理解为什么名士们都倾向于清谈和玄思。

魏晋之际，曹魏政权和司马氏之间纷争激烈，多有变故，这就导致了一种严酷的政治环境和多变的人际关系。一大批名人学士因为政治立场的不同而遭到屠杀，此情此景给知识分子以强烈打击。他们在公众场合避谈政治，转而以抽象思辨

的玄言为清谈内容，使得其旨隐晦不明，从而避免因发表见解而埋下祸端。

同时，上层统治者们仍然在强调"仁义礼智信"的传统道德和纲常伦理，而实际上这都只是一些表面的旗号，暗中行的却是残酷、专制、剥削为本的暴政。这样的情况让一些知识分子对所谓的仁义道德彻底失去了信心，他们转而展现出一种放达之姿，不守礼法，随性自然，以此作为对假仁假义的嘲讽和反叛。其中著名的人物就有"竹林七贤"。他们主张"越名教而任自然"，遁迹山林，饮酒赋诗，乃至于行为癫狂。不过，竹林七贤的立场也摇摆不定，其中多数人最后依附了统治者，只有阮籍和嵇康的反叛之姿始终不变。

嵇康的态度始终鲜明，他明目张胆地与司马氏决裂，并且敢于直接批判统治者所推崇的儒家正统和所谓圣贤，最终被处以极刑。临刑之前，精通音律的嵇康弹奏了一曲《广陵散》，嵇康一死，曲谱再难找回，《广陵散》也成为千古绝唱。

阮籍的态度表面看来似乎很微妙，他后来也做了官，但整日与酒相伴。他经常喝了酒然后恍惚出游，走到路尽的时候，就大哭着返还。这样的逾礼之举被世人大为诟病，实际上所表现的是他极度痛苦的内心。当朝大将军司马昭登门，亲自为自己的儿子求亲。可是阮籍大醉不醒，司马昭只得归还。此后司马氏又多次上门，阮籍竟然连醉六十日，终于断绝了对方的联姻梦。阮籍没有与司马氏正面冲突，他以清醒的头脑沉溺于酒中，既保存了自己的性命，又免于对方的姻亲遏制之计。从中也可以看出阮籍的真实态度，他是决然反对司马氏的，虽然迫于无奈为官，但"同流也绝不合污"。

他们的行为中，明显可见庄子品性的影响。只是阮籍和嵇康所处的时代更为混乱，所以他们的行为也就极端化了，但思想主旨却是和"身处污渎，哀在万世"的庄子一脉相承的。另外需要知晓的是，这些魏晋名士除了喜好饮酒，也有"服散"的习惯。

"散"是一种类似道教丹鼎所炼制的药，也叫"寒食散"。过量服食，人的精神会陷入恍惚。寒食散的炼制对后世道教外丹炼制也有一定的影响。

崇尚清谈、饮酒、服散的魏晋名士，性格中呈现出肆意荒诞的色彩。这都是因为当时昏暗的社会现实，而能给他们带来精神安慰的就只有道家思想转型而来的魏晋玄学了。

道家讲坛

"浮华"案

曹魏明帝时期，一大批当时的名士被皇帝下诏逮捕或者免职，所扣上的罪名就是"浮华"，认为他们不诵诗书，而是仰慕道家老庄之学，于是造成了"经学废绝"的严重局面。朝廷并且认为这些名士都是一些"虚伪不真之人"，毁教乱治，败俗伤化。因为这些人行为佯狂、浮夸不实，藐视权贵，所以更被统治者所唾弃。

"四聪八达三豫"集团

曹魏明帝年间，有一批年轻的名士活跃在思想舞台上，他们不重视儒家经典，行为上也不再恪守礼教，他们大多有高才，善于玄言，也就是早期的玄学家。他们对时政的评论干扰了舆论，让皇帝震怒，遂下诏逮捕，诏书上点名了这些人"以玄、畴四人为四聪，诞、备八人为八达，中书监刘放子熙、孙资子密、吏部尚书卫臻子烈三人为三豫"，也就是所谓的"四聪八达三豫"集团。

道教建立，太上老君始传道

提及道家，人们往往既联想到老庄，又想到与神仙、方士密不可分的道教，按南怀瑾先生的话说，就是把老庄、神仙、方士三位一体化，甚至觉得不可分割。道家和后世所言的道教之间到底是什么关系呢？

英文中说到道家和道教，都统一为 Taoism。除却语言翻译上的褊狭，这也代表了一种观点，即认为道家和道教悉归于一，就是一个事情。而现代则有学者认为应当把道家和道教完全分开，在研究中国道家时就只重老庄之学，以及由此为基础发展起来的学术，如稷下道家、汉初黄老等，而把将修炼仙道的道教排除在外。这样的划分实际上也难以让人得观道家思想的始末发展。

南怀瑾先生讲述道家和道教的关系时，认为道这个观念代表着上古传统文化的统称，诸子百家都渊源于道，只是在司马谈写了《论六家要旨》以后，后世才相承因袭，区分出道家和儒家、法家等概念。而道教的名字，最初也是始见于汉末《老子想尔注》，这个时期在后世认为的道教出现之后。也就是说，在最初并没有所谓的道家、道教之说，是后世一些人出于自己的理解为其定名，一旦定名，后代就按照这个名去理解了，到底这个名是否能涵盖所指之物，也难以说清了。

南怀瑾先生认为，无论道家或道教都离不开以老子、庄子的学说思想为宗主。先秦道家在发展中逐渐演变为后来的黄老之学，后来又与阴阳五行结合为阴阳数术、与养生之术结合为神仙方剂学，而道教就是在吸取这些"学"和"术"的基础上产生的一种宗教形式。既然成为宗教，就需要吸引信徒，借道家宗主来提高自身的地位就是自然之举。所以道教尊奉老子为"太上老君"，将老子以及后世道教宗师们神化、仙化，这个过程中，《道德经》也就逐渐演变为宗教化的典籍了，后世的教徒们从中间引申出了修身养心、修道长生的内容。由此可见，道教算得上是道家的转型之态。

作为道家转型的道教，在形而上之道论上与道家血脉相通，教徒们所信仰的道无形无名，而又无处不在，是生生不息的生命之本。在养生论上，老庄也讲过炼养的功夫，如老子"专气致柔"，庄子讲"坐忘"、"心斋"都被道教继承。

不过二者又有不同的地方，譬如生死观。老庄对生死的态度很豁达，讲究顺其自然，无所谓生死。道教则不然，教徒们极力追求长生不死，期望得到成仙，在这一点上道教摒弃了道家的无为思想，积极行有为之事。同时，对待伦理道德，道家对世俗道德、是非都持否定的态度，而道教毕竟是一种宗教，有严格的教律，同时积极劝人行善，推崇善有善报、恶有恶报的观点。

总而言之，道家转型为道教，以一种新的形式继续演化和发展，二者既血脉相通，又有不同之处。论及道，偏失了任何一方都是不完整的。

术数

古代所谓『术数』大多指具体的法术、象数的旨趣。它是古人通过阴阳五行生克制化的数理来推断人事吉凶、指导生存的学问。《汉书·艺文志》就把天文、历谱、五行、蓍龟、杂占、形法六种并称为术数。

道家继承了上古术数。在道门中人看来，要延年益寿、羽化登仙，必须了解天体的运行，从一些可知的征兆中预测灾害发生，从而力求趋利避害，由此产生对天文、历法的探究和传统占卜之法的因袭和变通。

中篇

大道至简，听南师说道

第四章

不可言说的道

道，妙不可言

《道德经》的五千言历来让后世学者费尽心思也捉摸不透，光是篇头一句就有数种不同的解释。不过，有一点是大家所公认的，那就是道的"妙不可言"。

关于"不可言"，有这样一个有趣的小故事。

五代时的宰相冯道请一位学识渊博的门客为其讲解《老子》，对于开篇的这句"道可道，非常道"，门客大伤脑筋。因为"道"正好犯了冯道的名讳，门客在解释这句话时只好说："不可说，不可说，非常不可说。"

门客的无奈之举恰恰点出了道的本质——不可说。

虽然"道"难以言说清楚，但对它的探求却是可以身体力行的，我们可以根据自己的见解来阐发道义。南怀瑾先生认为，不管是他说老子，还是我说老子，能做到理事通达就可以，不用追究不休。这样的意见也正符合老子"道常无名"、"道法自然"的观点。

　　所以对这句话，我们不妨这样理解：道，如果可以言说，就不是恒常不变的道。也就是说，无以命名、不能称谓的才是常道，才是天地之根、万物之宗。按照南师的看法，老子先将"道"这一名词提出，同时又强调不可将"道"看为一般的常道，不可执着于名相而寻道。这就好像是自己提出了一个道的名词，而后又推翻了它，仿佛一粒浑圆的珍珠在一个圆盘中滚动，没有一个固定的方位。

　　老子给了"道"一个固定的名称，只是为了表达方便。正如老子在《道德经》第二十五章中所说："强为之名"，"字之曰道"。大道无名，又强为之名，这似乎是一个矛盾的命题。我们要寻"道"，却看不到、听不见、说不清楚，它恍恍惚惚，无形无状。但它又是万物的根源，也是天地万物运行的法则。我们既无法界定它，也难以用有限的语言来表达它无限的含义。

　　同时，我们也发现，"道"虽然不能被理智完全、具体地阐发出来，但是人们通过悉心观察和静心思考，也能够直觉出道的本体实在性。也就是说，你虽然说不清楚，但"道"就那样存在着，这就构成了一种"只可意会不可言说"的意境。如何意会呢？道家集大成者庄子有这样一则寓言故事，我们也许可从中领悟怎样去体察这"不可言说"的道。

　　齐桓公在堂上读书，木匠在堂下做车轮子。木匠问桓公："您读的是什么？"桓公漫不经心地说："圣人之言。""圣

浮生进退皆自然

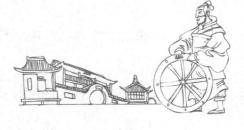

人还活着吗？"桓公说："已经死了。""那您读的只是古人留下的糟粕了！"桓公听了大怒，说道："我读书，你有什么资格说三道四？今天如果说出个子丑寅卯倒还罢了，否则就处你极刑。"木匠不慌不忙地来到堂上说："我这道理是从做车轮中体会出来的。榫眼松了，省力而不坚固，紧了则半天敲打不进去。我可以让榫眼不松不紧，然后不慌不忙地敲进去，得之于手而应之于心，嘴里虽然说不出这松紧的尺寸，心里却是非常有数的。我心里这个'数'，无法传给我的儿子，儿子也无法从我这里继承下去。所以我都六十岁了，还在这里为您做车轮子。圣人已经死了，他所悟出来的最深刻的道理也随着他的死亡而消失了，能够用语言表达出来的，只能是浅层次的道理。所以我说您读的书只不过是古人留下的糟粕罢了。"齐桓公听了若有所思。

051

只可意会不可言传的道，也就像木匠的技艺，需要自己慢慢领悟。能说出来的，便已与大道有所偏差了。正如南怀瑾先生所说，修道不可执着于道的名相，不然便只会流于表面。这也就是要告诉读者：道本身妙不可言；寻道，要靠自身不断地探索与追求，勤于思考，慢慢体味，也许就在蓦然回首间，你就能领悟到道的妙义。

道家讲坛

中国哲学的内向体证思维

中国传统哲学相当程度上是一种体悟式、情感性的哲学。所谓内向体证思维就是以自身为对象的一种讲究体验悟证的运思模式，它不同于西方习惯的以自然为对象的认知型思维。道家思想崇尚的『天人合一』，就是要导向自我反思，其思维取向是向内的，不是向外的；是收敛的，不是发散的。简言之，从自身开始，认识了自身，也就认识了世界。

咬文嚼字强说"道"

　　道是难以言传的东西，而为了让大家稍微了解道文化的点点精髓，又不得不勉强用文字来敷衍。这其中的矛盾之处需要读者也参与进来，才能协调。南怀瑾先生说，说道，说的事理通达就差不多了。读者再根据自己的观察与思考细心品道，最后才能形成心中的"常道"。

　　言归正传。要说"道"，不妨先来咬文嚼字，说一说这个"道"字。南怀瑾先生在他的多本著作中都提到了"道"字的具体含义，仔细归纳分析，大体有这样几种解释：

　　首先，道是一种形而上的本体观念。它是万物的总规律，不是某种具体的事物，而是对于万物本质的哲学抽象。看不见、听不到、摸不着。道生万物，但道在生成万物之后，又作为万物存在的根据而蕴涵于万物之中。所以，不能靠感觉器官去体认，也难以用普通字词去表示，只能用比喻和描述来说明它的存在。

　　关于这个"不能言说的道"，庄子在《庄子·大宗师》中说："夫道，有情有信，无为无形；可传而不可受，可得而不可见；自本自根，未有天地，自古以固存，神鬼神帝，生天生地；在太极之先而不为高，在六极之下而不为深，先天地生而不为久，长于上古而不为老。"他认为道是世界的终极根源，是无所不覆、无所不载的，没有超越于道的其他任何主宰。

　　总结起来，道可以这样理解。首先道是过程，道的过程性表现为道生万物的过程，即老子说的"道生一，一生二，二生三，三生万物"。在这一过程中，道循环往复，"周

浮生进退皆自然

行而不殆"。道也是规律，是天地万物变化的终极原因。老子说："道者万物之奥。"正是表达了这个意思。万事万物都遵守"道"，而"道"也存在于一切事物之中，贯穿于一切事物发展过程的始终，万物从道起源，又回归于道。而这种作为规律的道，看不见，听不着，总之无法用感官去感受。

这是道家关于形而上道的一些观点，而"道"还有其他的意义。一切有规律而不可变易的法则、人事社会共同遵守的伦理规范，也被统称为道。和不能言说的形而上道相比，这些道就是可以被叙述出来的。比如君子之道、人生之道、王者之道，等等。老子说，"执古之道，以御今之有，以知古始，是谓道纪"。要求遵循古代的法则，以此来驾驭现实。

另外还有人世间共同行走的径路也叫道。一般说来，除非特别讨论到形而上道以外，大多数地方都是第二类道的范围之内。《道德经》一书所用的道字，也有含义区别。研读它的时候要格外注意，不要一视同仁。

道化为神

道教认为道的化身就是真神。道是虚无的，但又具有神性。它分散时是无形无象的气，聚集起来便是神。东汉时的《老子圣母碑》说：「老子，道也。」

张道陵所创立的正一盟威道则明确说：「道就是一，一散形为气，聚形为太上老君。」而道教最高的神灵有三位：天宝君又称元始天尊，灵宝君又称太上大道君，神宝君又称太上老君，他们都是道的化身，也就是说全由一气所化。

道在寂寥人世间

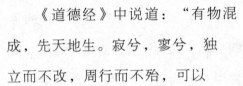

《道德经》中说道："有物混成，先天地生。寂兮，寥兮，独立而不改，周行而不殆，可以为天地母。吾不知其名，字之曰道。"用现代白话解释，大概是这样："有一个东西浑然而成，在天地形成以前就已经存在。听不到它的声音也看不见它的形体，寂静而空虚，不依靠任何外力而独立长存永不停息，循环运行而永不衰竭，可以作为万物的根本。我不知道它的名字，所以勉强把它叫作道。"

南怀瑾先生借南北朝时一位禅宗大师的悟道偈说："有物先天地，无形本寂寥。"这些形而上道的表达，佛学归于空，一切皆空，道家老子则用寂和寥。寂是绝对的清虚，清静到极点，毫无一点声色形象；寥是形容广大，无穷无尽。

这些描述听起来都有点"玄而又玄"的意味，其实最深刻的道理永远蕴涵在最简单的事物之中。所谓大道至简，如果以平凡的人生为落脚点去探究这个道，就能帮助理解它寂寥的本质。因为人生本来应该是一段清虚寂寥的旅程。

浮生进退皆自然

　　有一位禁欲苦行的修道者，参悟到人生本应无所牵挂，所以准备离开他所住的村庄，到无人居住的山中去隐居修行，他只带了一块布当做衣服，就一个人到山中搭了一间茅草屋，独自居住。后来，他发觉茅屋里有一只老鼠，常常会在他专心打坐的时候来咬他那块布，他早就发誓一生遵守不杀生的戒律，因此不愿去伤害那只老鼠，无奈之中他又回到村庄，向村民要了一只猫。得到猫之后，他又想："我并不想让猫去吃老鼠，但总不能跟我一样只吃一些野菜吧！"于是他又向村民要了一头奶牛，这样那只猫就可以靠牛奶为生。在山中居住了一段时间以后，他又发觉自己每天都要花很多时间来照顾那头牛，于是他又回到村中，找了一个流浪汉做他的仆人，让其来到山中居住照料牛。他又帮这位仆人搭了一间茅屋，仆人在山中居住了一段时间之后，跟修道者抱怨："我跟你不一样，我需要一个太太，我要正常的家庭生活。"修道者想一想也有道理，他不能强迫别人一定要跟他一样，过着禁欲苦行的生活，于是……后来故事不断发展，一年以后，山上仿佛像一个热闹的村庄。

　　想要摆脱俗世的牵绊，但又总是活在不断增加的心绪和欲望中，或许原本是想过简单朴素的生活，谁知，事情的演变却不由着自己的本意，而是随着现实的驳杂。究竟怎样，才能达到人生寂寥的境界呢？这个小故事也许能帮你参透寂寥的境界。

　　古时候一位老员外娶了四个妻子。第四个妻子最得员外的疼爱，员外对她百依百顺。第三个妻子是众多人追求的对象，员外费尽心思把她娶来。第二个妻子善解人意，员外能和她互相安慰。至于第一个妻子，员外很少去看她。可是家中一切繁重的工作都由她处理，她身负各种责任，却得不到注意和重视。

　　突然有一天员外必须要到遥远的地方去，前途未卜。他对第四个妻子说："你跟我一块儿走吧！"第四个妻子回答："不论你怎么说，我都不可能陪你去！"员外恨她的无情，就把第三个妻子叫来问道："那你能陪我一块儿去吗？"第三个妻子回答："连你最心爱的第四个妻子都不情愿陪你去，我为什么要陪你去？"员外只好把第二个妻子叫过来说："你总愿意陪我去吧？"第二个妻子说："嗯，你要离开我也很难过，但我只能陪你到城外，之后的路你就自己走吧！"员外没想到第二个妻子也不愿陪他去，这才想起第一个妻子，把她叫来问一样的话。第一个妻子回答："不论你去哪里，不论苦乐或生死，我都不会离开你的。"这时员外才知道，真正可以和他永不分离的只有第一个妻子啊！

如何通过这个故事领会人生呢？如果把员外要去的地方看作死亡之境，第四个妻子就好像人的身体。人对自己的身体倍加珍惜，为满足身体的物质欲望不惜做一切，但死时身体却不会追随着你。第三个妻子，是人间的财富。不论你多么辛苦追求来的财富、储存起来的财宝，死时都不能带走一分一毫。第二个妻子，是亲朋好友。人活在世上，彼此关爱是应该的，但是人往往为了人情而忘了做人的目的。而第一个妻子，则是人的心灵。

心灵和我们形影相随，生死不离，但人们也最容易忽略它，反而全神贯注于物质和欲望，其实只有心灵才是永生永世与我们同在的。专注于心灵的庄子，一辈子在清贫中度过，清心寡欲，恬淡自然，穷困而不潦倒，入世而不沉迷，一箪食，一瓢饮，无声色之欲，无功名之累，或许这就是人生寂寥的境界吧。

道在无念之境

南怀瑾先生曾经说过最能悟道的人有两种，一种是学问深厚、阅历丰富的大智之人，因为他们积淀颇深，有敏锐与深刻的思考和领悟力，而另一种则是没怎么接受过系统教育的人，因为他们心思单纯，内心纯净无瑕，便不会受到各种执念的影响，而更容易参破正道。第一种人能悟道，自然不会引起什么疑义，而后者悟道则让人有些迷惑不解了。这其中的玄机就在无念。

《庄子·齐物论》有言曰："故知止其所不知，至矣。"学问的最高境界是什么呢？是无所不知，还是一无所知？这里的"故知"指的是一般的知识智慧。道也有一个最高的标准，即"止其所不知"，到了最高处便是不知，无念之境，无道可道。南北朝时的一位高僧鸠摩罗什有位弟子叫僧肇，在一篇文章《般若无知论》中说，智慧到最高处，没有智慧可谈，才是真正的智慧。庄子所谓的道的智慧也在于此。

不仅是中国古代哲人有这样的看法，希腊著名哲学家苏格拉底也是一位"无知"的智者。他曾说过："把我看成有学问的人，真是笑话！我什么都不懂。"他这样比喻他的智慧：两个圆圈，一大一小。把大圆比作他，小圆好比是某个学生，圆的面积代表知识，圆的周长代表与未知领域的接触，两圆之外的空白都是他们的无知面。圆的面积越大，相应的周长也越长，这就表明知识越丰富的人，他所不知道的东西就越多。

蒲鹤年先生写的一篇文章谈论了丁肇中先生的"无知"与一位"万能科学大师"的"无所不知"。世界著名美籍华裔物理学家丁肇中先生，四十岁便获得了诺贝尔物理学奖。了解他的人都知道：在接受采访或提问时，无论是本学科问题还是外学科问

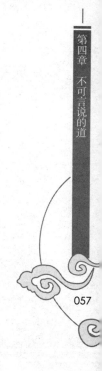

题，也无论提问者是业内人士还是业外人士，丁肇中最常给出的回答是三个字——"不知道"。他曾解释："不知道的事情绝对不要去主观推断，而最尖端的科学很难靠判断来确定是怎么回事。"

庄子讲的"无知"，是俗语说的"一瓶水不响，半瓶水晃荡"，真正的学问到了最高处便是"无知"。学问充实了以后，自己却感觉到空洞无知，这才是有学问的真正境界。无所不知而又一无所知，正所谓"绝顶聪明绝顶痴"。

既然道在无念之境，我们求道也就不必太过执着。不要执着，不代表不让生活中任何感情和经验穿越心扉。事实恰恰相反，我们要让所有情绪、体验、经验穿透心房，只有真实去接受、体会和认清这些经验，才能让它离开，不再执着。

一无所知而无所不知

南怀瑾先生在著作中引用过前人的一句话："如虫御木，偶尔成文。"意思是说，有一只蛀虫咬树的皮，忽然咬的形状构成了花纹，使人觉得好像是鬼神在这棵树上画了一个符咒。其实那都是偶然撞到的，偶尔成文似锦云，有时候也蛮好看的。这是刻意为之的吗？当然不是，都是偶然间的因缘造成的。既然世间的一切都是偶尔成文的，道也是如此，所以不必执着于道的名相。说不清、道不明也没关系，不知道、不了解更没有关系。道本身就在这无念之境。

所以现在再来看南师所说的悟道之人，那些没有在俗世的既定观念中"中毒"的人，因为心思的纯净与简单，就更能体察道

浮生进退皆自然

偶尔的机缘的精妙，不会执着于一些既定的规则。所以在无念之间，懂得道的真谛。他可能自己都不知道，但这种自然而然的境界就是道的至境。

成心

道家认为应该摒弃的一种思想，简单理解，可以近似于现在所说的成见、偏见。《庄子·齐物论》说：「夫随其成心而师之，谁独且无师乎？」意思是追随业已形成的偏执己见并把它当作老师，那么谁会没有老师呢？有了成心的人，离道就远了。

上古之道万世传

　　道家思想发源于上古，南怀瑾先生强调探究道家的思想，不要囿于后人所设下的藩篱，只把老、庄当作那个顶点。虽然把老子认定为道家的创始人，但道家文化并非老子独创，也不是他凭空臆想而来。要认识到他对上古文化的继承和发展。

　　中华民族将伏羲认作人文始祖，《庄子》是最早记载伏羲的，不过庄子所言的伏羲，亦虚亦实，亦神亦人，大都是托名设譬，借以形象说理。据考古学家考证，伏羲根据天地万物的变化，发明创造了八卦，又结绳为网，用来捕鸟打猎，他的活动，标志着中华文明的起始。

　　伏羲以后就是炎帝与黄帝，中华民族的先民们几乎把所有的上古文化、科学成就都归在黄帝身上。也就是前面曾说过的"学者所共术"。对于道家而言，黄帝更是有着非同一般的意义。

　　传说黄帝听说有个叫广成子的仙人在崆峒山，就前去向他请教。广成子说："自你治理天下后，云气不聚而雨，草木不枯则凋。日月光辉，越发缺荒了。而佞人之心得以成道，你哪里值得我和你谈论至道呢？"一番话振聋发聩，让黄帝心生反省之意。他回来后就不再理问政事，而是自建了一个小屋，一个人在那里反省了三个月。而后黄帝又去广成子那里问道。看到广成子头朝南躺着，于是跪着膝行到他跟前，问他如何才得长生。广成子蹶然而起说："此问甚好！"于是告诉他至道之精要："至道之精，窈窈冥冥，至道之极，昏昏默默。无视无听，抱神以静。形将自正，必静必清；无劳妆形，无摇妆精，方可长生。目无所见，耳无所闻，心无所知，如此，神形合一，方可长生。"说完，给了黄帝一卷《自然经》。

　　黄帝向广成子问道后，又登过王屋山，得取丹经。并向玄女、素女询问修道养生之法。而后，回到缙云堂修炼，他采来首

浮生进退皆自然

山铜，在荆山下铸九鼎，鼎刚刚铸成，就有一条龙，长须飘垂来迎黄帝进入仙境。黄帝当即骑上龙身，飞升而去。据说他身边的几个小臣，也想随他升仙，便匆匆间抓住了龙须。结果龙须断了，这些小臣坠落到地上。这就是后世"攀龙附凤"的典故。

　　这是道家关于黄帝的传说，黄帝问道、修炼、飞升的故事里就有后世教徒所向往"得道成仙"的影子。道教在形成初期，视黄帝与老子同为道教的祖师。张陵创立五斗米道，独尊老子为教祖，而尊黄帝为古仙人。由此遂被沿袭，所以此后道书仍然以黄帝为古仙人继续进行增饰。

　　而从大禹治水之后，其子建立夏朝，秉承上古以天文、历法等原始宇宙的学术思想，用金、木、水、火、土五行变换的物理原则，配合农业社会的人文文化，由此形成了夏代的文化精神，南怀瑾先生说这是"崇尚朴素笃实的本质"。而后《周易》一书问世，融会了夏商周三代以来人文文化，并且部分承继殷商天道鬼神等的思想，是上古思想文化的集大成之作，南怀瑾先生说这也是后来儒道两家共同宗奉的学问。

　　南怀瑾先生说讲述道家的文化学术思想，上溯到秦以前，乃是为了说明中国文化的传统渊源，同时也是为了说明秦以前，儒、道本不分家的关系。由此可见，道家的文化学术，是继承夏、商、周三代以上的《易经》文化学系。而老、庄思想，是后世的余波。

五行相生相克

相生

金生水——金销熔生水；

水生木——水润泽生木；

木生火——木干暖生火；

火生土——火焚木生土；

土生金——土矿藏生金。

相生 ——→　相克 ====

相克

金胜木——因为刚胜柔，刀具可砍伐树木；

木胜土——因为专胜散，树木可稳住崩土；

土胜水——因为实胜虚，堤坝可阻止水流；

水胜火——因为众胜寡，大水可熄灭火焰；

火胜金——因为精胜坚，烈火可熔解金属。

第五章

冷眼旁观历史的隐士

隐士与史官的推波助澜

班固在《汉书·艺文志》里说："道家者流,盖出于史官,历记成败存亡祸福古今之道,然后知秉要执本,清虚以自守,卑弱以自持,此君人南面之术也。"所谓君人南面之术,可以理解为治国之术,是一种政治哲学。班固的这个概括未免有些偏颇,不过倒是说明了史官身份是催生道家思想的因素之一。除此以外,隐士思想与道家更有着密不可分的联系。

所谓"隐士",首先是"士",也就是知识分子,一般的乡野村夫就不能算作是隐士,只有自愿当乡野村夫的知识分子才够格。关于隐士思想对道家的影响,南怀瑾先生说:"道家的学术思想，更与隐士思想，不可分离。与其说道家渊源于黄、老，或老、庄，毋宁说道家渊源于隐士思想，演变为老、庄，或黄、老，更为恰当。"

老子本人就是一个"隐君子"。从来不聚众受徒，除了被迫写下五千字《道德经》再没有著书立说。老子原来是周朝史官，后骑牛西去，从史官变为隐士，然后由隐士演为道家，这就是老子道家学派形成发展的路径。在南怀瑾先生看来，隐士实际上是操持中国文化的幕后主要角色。因为上古的圣君名王，都很顾忌隐士们的清议与轻视。尤其在朝堂之外的知识分子，你无法控制他，而他又有能力有机会煽动百姓造反，所以君主都很重视隐士的态度。历史上有隐士之风的人很多，比如辅佐勾践灭吴的范蠡。

范蠡是先秦时期罕见的智士。当越国勾践穷途末路的时候，他却投奔而来，向勾践进"越必兴、吴必败"的断言，勾践拜他为上大夫后，他陪同勾践夫妇在吴国为奴数年。从此辅助勾践，展开了灭吴的大计。勾践灭吴以后，范蠡却在一片歌舞升平之中，带着美丽的西施乘舟泛海隐居去了。

不过他的隐居只能算作"半隐居"，因为范蠡不仅有治国之才，也不乏经商之才。他每到一处都能靠经商积累大量财富，从而大名远播。所到之处的人认为他是个贤人，要拜他为相。范蠡为了避声名，与西施前后三迁，最后定居于陶。所以后世也称他"陶朱公"。

历史上像范蠡这样的人很多，除了他，南怀瑾老师还举出了商汤时的

浮生进退皆自然

伊尹、博说，周朝开国之相姜太公，汉朝开国时的张良、陈平，这些人都是道家人物，身体力行地实践着道家"功成、名遂、身退"的天道。有点"为他人作嫁衣裳"的意味，帮别人打下了江山，自己就飘然而去了。归纳这些人的特点，会发现他们都是在社会混乱、动荡不安的情况下出仕，辅佐君王治理天下，使天下转危为安，重现清平。南怀瑾先生笑称这是"拨乱反正"。而这些人在拨乱反正之后却又都归隐了，这就是道家思想的一个体现。

"隐君子"老子也是这样，他所在的周王朝，分崩离析，民不聊生。他时任史官，得以从历史变迁中观兴旺成败得失，于是预料到周气数已尽。跟范蠡这些后来的隐士不一样的是，老子没有辅佐君主治国，但在他的《道德经》中却阐发了这方面的道理。如何平乱世、治天下，道家也有自己的主张。

南怀瑾先生从这些例子中总结出一个规律："那便是凡当拨乱反正的时期，大多是道家人物与道家学术思想的功劳；到了天下太平、坐而论道、讲究修齐治平之学的时期，就成了儒家的天下了。"所以对于道家和儒家，南怀瑾先生这样比喻：儒家好比粮食店，为人们提供必不可少的精神食粮；道家则是药店，灵丹妙药，用以救人救世。儒家店必须光顾，道家店则是无事不必登，有病必须看，否则病入膏肓，悔之晚矣。

南师说："儒家是讲入世的，勇猛精进，百折不挠，它的精义是'工作'；道家在出世入世之间，行云流水，顺其自然，它的精义是'生活'。"可见，道家思想实际上具有既出世又入世的特点，这正是由于它萌生于乱世，由深明历史成败的史官提出，同时又深受隐士思想影响。这样的影响下萌生出世又入世的道家，也就不足为怪了。

道家讲坛

陶渊明的道家渊源

东晋诗人陶渊明，历来作为高洁隐士的代表为人们所称颂，他的思想看得出明显的由儒至道的轨迹。他幼年学儒，也有着建功立业的思想，后来对门阀制度鼎盛的现实极度失望，最终抛下『不为五斗米折腰』的愤世宣言，辞官归隐了。在他隐居期间，留下了众多千古传颂的诗句，为后世开辟了思想上的桃花源。

陶渊明与道家也有着深厚的渊源，他的叔父陶淡，一直服食修炼，是天师道信徒。叔父对陶渊明影响颇深，而他任真自得、超然虚淡的心境，也就自小养成。最终归于田园，踏上了庄子的路。

随缘而遇顽且鄙

老子在《道德经》第二十五章里说："我愚人之心也哉，沌沌兮！"南怀瑾先生认为，"愚"，并非真笨，而是故意显示的。"沌沌"，不是糊涂，而是如水汇流，随世而转，自己内心却清楚明了。

老子又说："俗人昭昭，我独昏昏。俗人察察，我独闷闷。淡兮，其若海，望兮，若无止。众人皆有以，而我独顽似鄙。我独异于人，而贵食母。"意思是众人熙熙攘攘、兴高采烈，如同去参加盛大的宴席，如同春天里登台眺望美景，而我却独自淡泊宁静，无动于衷；众人都有所剩余，而我却像什么都不足，只有一颗愚人的心；众人光辉自炫，唯独我迷迷糊糊；众人都严厉苛刻，唯独我淳厚宽宏；世人都精明灵巧有本领，唯独我愚昧而笨拙。我和众人不同，我得道了。

为什么"顽且鄙"的人却是得道之人，而看起来精明无比的人却不是呢。因为俗人有俗人的生活目的，道人有道人的生命情调。以道家来讲，人生是没有目的的，即佛家所说"随缘而遇"以及儒家所说"随遇而安"。老子更进一步地说，随缘而遇还要"顽且鄙"。所谓"顽且鄙"是指要不受任何限制，坚持自己。外表"和光同尘"，混混沌沌，而内心清明洒脱，遗世独立。不以聪明才智高人一等，以平凡庸陋、毫无出奇的姿态示人。以这样的姿态在人世里游走，不露锋芒，也才能在入世的姿态里又保持一颗出世的心。在入世与出世之间，游刃有余，才是道家思想的精髓。

用出世的心做入世的事，不是每个人都能做到的。朱光潜先生曾用一句话评价弘一法师，即"以出世之精神，做入世之事业"，这句话也是对老庄哲学的深刻理解。身做入世事，心在尘缘外。唐朝李泌便为世人演绎了一段出世心境入世行的处世佳话，他睿智的处世态度充分显现了一位政治家、宗教家的高超智慧。该仕则仕，该隐则隐，无为之为，无可无不可。

李泌一生中多次因各种原因离开朝廷这个权力中心。玄宗天宝年间，当时隐居南岳嵩山的李泌上书玄宗，议论时政，颇受重视，遭到杨国忠的嫉恨，杨国忠毁谤李泌以《感遇诗》讽喻朝政，李泌被送往蕲春郡安置，他索性"潜遁名山，以习隐自适"。自从肃宗灵武即位时起，李泌就一直在肃宗身边，为平叛出谋划策，虽未身担要职，却"权逾宰相"，招来了权臣崔圆、李辅国的猜忌。收复京师后，为了躲避随时都可能发生的灾祸，也由于叛乱消弭、大局已定，李泌便功成身退，进衡山修道。代宗刚一即位，又强行将李泌召至京师，任命他为翰林学士，使其破戒入俗，李泌顺其自然，当时的权相元载将其视作朝中潜在的威胁，寻找名目再次将李泌逐出。后来，元载被诛，李泌又被召回，却又受到重臣常衮的排斥，再次离京。建中年间，泾原兵变，身处危难的德宗又把李泌招至身边。

李泌其行入世，其心出世，社稷有难时，义不容辞，视为理所当然；国难平定后，全身而退，没有丝毫留恋。李泌已达到了

顺应外物、无我无己的境界。李泌所处的时代，战乱频仍，朝廷内外倾轧混乱，若要明哲保身，必须避免卷入争权夺利的斗争之中。心系社稷，远离权力，无视名利，谦退处世，顺其自然，乃李泌的处世要诀。

李泌曾写《长歌行》："天覆吾，地载吾，天地生吾有意无。不然绝粒升天衢，不然鸣珂游帝都。焉能不贵复不去，空作昂藏一丈夫。一丈夫兮一丈夫，千生气志是良图。请君看取百年事，业就扁舟泛五湖。"诗情画意中流露出的是浓厚的道家情怀，李泌同先秦时的范蠡一样，也是道家思想的传承者。

不过这个世界上能像李泌和范蠡这样，时机到来建功立业，又能听从内心逍遥而去的人实在太少了。大多数人在出世和入世之间徘徊不决。有一个有趣的故事：

一个和尚因为耐不住佛家的寂寞就下山还俗了。不到一个月，因为耐不得尘世的口舌，又上山了。不到一个月，又耐不住青灯古佛的孤寂再度离去。如此三番，寺中禅师对他说："你干脆不必信佛，脱去袈裟；也不必认真去做俗人，就在庙宇和尘世之间的凉亭那里设一个去处，卖茶如何？"于是这个还俗的和尚就讨了一个媳妇，支起一个茶亭。

许多人都如同这个心绪矛盾之人，在入世与出世之间徘徊不决，干脆就在二者的中间做个半路之人吧。半路之人，无执着执念，随缘而遇，以顽且鄙的自我之姿过自己的人生不是也很好吗？

李泌——人神同争的奇人

李泌是唐朝著名的道人，道家有许多关于他的传说。据说他出生后，一个道人观他面有异色，就说：「年十五必白日升天。」可是他的父母、族人都极其疼爱这个资质极高的孩子，不愿他成仙而去。《邺侯外传》记载说，一旦空中有异香之气及音乐之声，李泌的亲属们就会迎上去，希望将神仙骂退。有时候还以巨勺扬浓蒜泼向那些香气和音乐。在这场人神争夺战中，李氏宗亲取得了胜利，为人间保留了一位有道的宰相。

冲虚谦下，不盈不满

提及修道，南怀瑾先生这样说过："修道的基本，首先要能冲虚谦下，无论是炼气或养神，都要如此，都要冲虚自然，永远不盈不满，来而不拒，去而不留，出故纳新，留存无碍而不往。"不盈不满是怎样的一种状态呢？可以想象一条小溪，涓涓溪流始终不停地流淌，可能汇入江河湖海，可能沉聚到万丈深渊，但无论如何总是生生不已、无止无尽的。

如何达到这样的状态呢？老子说"挫其锐，解其纷，和其光，同其尘"，字面的意思便是，挫掉锋芒，消除纠纷，含敛光耀，混目尘世。挫锐解纷，混合各种光彩与尘俗相同。后世多从为人处世上去领略它的妙用。南怀瑾先生认为有一个人，可以让我们对这种态度有一个深刻的了解，这便是中唐时期的郭子仪。

郭子仪被唐德宗称为尚父，尚父这个称谓，只有周朝武王称过姜太公，在古代是一个十分尊崇的称呼。由唐玄宗开始，儿子唐肃宗，孙子唐代宗，乃至曾孙唐德宗，四朝都由郭子仪保驾。唐明皇时，安史之乱爆发，玄宗提拔郭子仪为卫尉卿，兼灵武郡太守，充朔方节度使，命令他带领本军讨逆，唐朝的国运几乎系于郭子仪一人之身。

郭子仪曾经凭借一己之力说服回纥首领，单骑退兵，从此名震千古，传为佳话。许多危机都被郭子仪化解了，当天下无事了，皇帝又担心功高盖主，命其归野，他就马上移交清楚，坦然离去。等国家有难，一接到命令，又不顾一切，马上行动，所以屡黜屡起，四代君主都离他不行。

郭子仪洞悉世情，汾阳郡王府从来都是大门洞开，贩夫走卒之辈都能进进出出。郭子仪的儿子多次劝告父亲，后来，郭子仪语重心长地说："我家的马吃公家草料的有五百匹，我家的奴仆吃官粮的有千余人，如果我筑起高墙，不与外面来往，只要有人与郭家有仇，嫉妒郭家的人煽风点火，郭氏一族很可能招来灭族之祸，现在我打开府门，任人进出，即使有人想诬陷我，也找不到借口啊。"儿子们恍然大悟，都十分佩服父亲的高瞻远瞩。

郭子仪晚年在家养老时，王侯将相前来拜访，郭子仪的姬妾从来不用回避。唐德宗的宠臣卢杞前来拜访时，郭子仪赶紧让众姬妾退下，自己正襟危坐，接待这位当朝重臣。卢杞走后，家人询问原因，郭子仪说道："卢杞此人，相貌丑陋，心地险恶，如果姬妾见到他的相貌，说不定会笑出声来，卢杞必然怀恨在心。将来

他大权在握，追忆前嫌，我郭家就要大祸临头了。"果然，后来卢杞当上宰相，"小忤己，不致死地不止"，但对郭家人一直十分礼遇，完全应验了郭子仪的说法，一场大祸消于无形。

郭子仪一生历经武则天、唐中宗、唐睿宗、唐玄宗、唐肃宗、唐代宗、唐德宗七朝，福寿双全，名满天下。年八十五岁而终，子孙满堂，所提拔的部下幕府中六十多人，后来皆为将相。生前享有令名，死后成为历史上"富"、"贵"、"寿"、"考"四字俱全的极少数名臣之一。历史对郭子仪的评议是："功盖天下而主不疑，位极人臣而众不嫉，穷奢极欲而人不非之。"

其实郭子仪的私人生活十分奢侈，但舆论对他却相当宽容，古往今来郭子仪是第一人。他正是冲虚谦下、不盈不满的代表。他屡立奇功，但皆以人臣之责来示人，出仕与归隐都遵从帝王的愿望。他善于识别人心险恶，却并不以冷面对恶人，而是与之同流但不合污。此身此心周旋于尘境之中，他便是"挫锐解纷，和光同尘"的最好解读，做人如此，做官如斯，已是人中之极了。

浮生进退皆自然

郭子仪与鱼朝恩

郭子仪与宦官鱼朝恩的往事不可不提。鱼朝恩曾担任监察军，处处为难郭子仪，又在肃宗面前屡进逸言，诱使肃宗削了郭子仪的兵权，并派人抄了郭子仪家的祖坟。而郭子仪从战场凯旋听闻了此事，此时皇帝和鱼朝恩都惶惶不安，郭子仪却说："我的士兵也抄过别人家的祖坟，这是我带兵无方，都是因果报应！"此时鱼朝恩则邀请郭子仪一聚，以表歉意。朝中大臣都说这是『鸿门宴』，郭子仪力排众议，坦然前往。鱼朝恩感动得涕泪涟涟。从此二人再无芥蒂。

功成身退，天之道

《道德经》说："功成身退，天之道。"意思是功业既成，引身退去，这是天道使然。如同花开果生、果结花谢，是自然之道。南怀瑾先生笑言，老子以智者的深邃洞察人生，一眼便窥透了深层中的人性内核。人莫不爱财慕富、贪恋权势，能够及时抽身引退，才能一生圆满。

所谓"持而盈之，不如其已"说的就是这个"天道"。南怀瑾先生认为可以从两个方面来理解其中的奥义。首先是人如果认识天道自然的法则，就会知足常乐。另外，能够保持已有的成就就很好，一味不满足地扩张欲望，最终得不偿失。而这种观念的诀窍就在一个"持"字上。一个人对聪明、地位、权势、财富等都要自保自持，懂得适可而止。这个"持"是保持内心平和、无过分欲望的自持，而如果持富而娇、持贵而傲，就会招来恶果。

很多人认为"功成身退"的天道很消极、很低沉，实际上是忘记了自然的常道。天地间的各种生命都在默默无言地生长、消逝，其中也包括人。动物和植物都静静地完成了自己的生命任务，然后平静地退出，人自然也一样。但总有人存妄想，无论是生命、地位、智慧，总想让它们长存，这就是违反自然的天道。

所谓功成身退，并非指一定要隐居山林、归隐田园。功成身退其实是一种平静退出历史舞台的态度。数千年来，中国历史一直上演着"飞鸟尽，良弓藏；狡兔死，走狗烹"的悲剧，政治的险恶，入世与出世，成为中国仁人志士艰难的抉择，铿锵刚劲，又痛苦无奈。青史上许多留名之人终其一生都在寻找"功成"与"身退"的平衡点。比如石琚与李斯，就给出了我们两种不同的态度。

金熙宗天眷二年（1139年），石琚考中进士，任邢台县令。

当时官场腐败，贪污成风。此环境之下，石珺不贪不占，他常对人说："君子求财，取之有道，怎么能利令智昏，干下不仁不义之事呢？人们都知钱财的妙处，却不闻不问不义之财所带来的隐患，这是许多人最后遭祸的根源啊。"

他规劝当时的邢台守吏说："一个人到了见利不见害的地步，他就要大祸临头了。你敛财无度，不计利害，你自以为计，在我看来却是愚蠢至极。回头是岸，我实不忍见到你东窗事发的那一天。"邢台守吏拒不认错，私下竟反咬一口，向朝廷上书诬陷他贪赃枉法。结果，邢台守吏终因贪污受到严惩，其他违法官吏也被一一治罪，石珺因清廉无私，虽多受诬陷却平安无事。

金世宗时，世宗任命石珺为参知政事，万不想石珺却百般推辞。金世宗十分惊异，私下对他说："如此高位，人人朝思暮想，你却不思谢恩，这是何故？"石珺以才德不堪作答，金世宗仍不改初衷。石珺无奈接受了朝廷的任命，私下却对妻子忧虑地说："树大招风，位高多难，我是担心无妄之灾啊。"他的妻子

不以为然，说道："你不贪不占，正义无私，皇上又宠信于你，你还怕什么呢？"石珺苦笑道："身处高位，便是众矢之的，无端被害者比比皆是，岂是有罪与无罪那么简单？再说皇上的宠信也是多变的，看不透这一点，就是不智啊。"

石珺在任太子少师之时，曾奏请皇上让太子熟习政事，嫉恨他的人便就此事攻击他别有用心，想借此赢取太子的恩宠。金世宗听来十分生气，后细心观察，才认定石珺不是这样的人。金世宗把别人诬陷他的话对石珺说了，石珺所受的震撼十分强烈，他趁此坚辞太子少师之位，再不敢轻易进言。

金大定十八年（1178年），石珺升任右丞相，位极人臣，石珺私下却决心辞官归居。他开导不解的家人说："人生在世，祸在当止不止，贪心恋栈。"他一次又一次地上书辞官，金世宗见

挽留不住，只好答应了他的请求。世人对此事议论纷纷，金世宗却感叹说："石琚大智若愚，这样的大才天下再无二人了，凡夫俗子怎知他的心意呢？"石琚可谓深谙进退之道，能进能退，把握得极其有度，所以才能在官场混迹多年而屹然不倒。

而李斯贵为秦相时，"持而盈"，"揣而锐"，最后却以悲剧告终。临刑之时，李斯对其子说："吾欲与若复牵黄犬，出上蔡东门，逐狡兔，岂可得乎？"他临死才翻然醒悟，渴望重新返璞归真，在平淡生活中找寻幸福，但悔之晚矣。

石琚与李斯，一人进退自如，一人"持而盈之"，石琚突破了名缰利锁，而李斯到死才醒悟，这便是悲哀了。如何自持，如何领悟退身而出的道理，南怀瑾老师摆出前人的诗词，列位看官在低眉浅吟中自去领悟吧。

鹤马遗踪自道林，相传野老尚可寻。花开不择贫家地，鸟宿偏择嘉树阴。

弃世久拼随世远，入山惟恐未山深。命根断处各根断，十载应难负寸心。

道家讲坛

道家名利超越论

对于「利」，道家讲「绝巧弃利」，只有这样才能摆脱束缚；对于「名」，讲究「功成而不居」。综而言之，是要做到超越。因为道家讲名利心与本性的丧失我的直接缘由。并将其作为失性丧我的紧密联系起来，「小人殉才，君子殉名」，所以无论是小人，还是所谓的君子，都是已经有了名利心，这样就被「物」所羁绊，偏离大道。

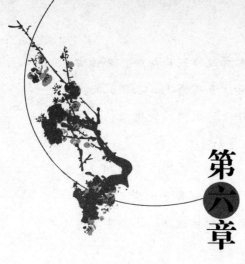

第六章

心如空谷，返璞归真

初心一颗，不惹尘埃

"天下皆知美之为美，斯恶已。"

这是《道德经》第二章中的句子，南怀瑾先生认为老子的意思是，人们建立起一个至真、至善、至美的名相境界，反而偏离了道的真义，也可以简单地理解为认定一个美的标准，反而是不美的。

老子的看法似乎和众人迥异，追求真善美、抵制假丑恶是自古以来人们所追求的境界，老子为什么另辟蹊径，非要反对这个追求呢？南怀瑾先生在讲解时，提出了这样一个问题："真善美的价值定论何在？"什么是真善美、什么又是假丑恶呢？同样的问题问十个不谙世事的孩子，可能有十种不同的答案，而问一百个饱经世事的成人，可能只得到一种答案。这其中的差别也就在"初心"上，谁保留了一颗初心，谁就不会受到既定标准的影响。

所谓初心，就是一颗没有受到世俗影响的本来之心。老子的教诲自始至终，都是要人勿作祸首、莫为罪魁的教示。与其为真善美设立一个评定标准，不如坚持本性中纯朴的东西，清水出芙蓉，天然去雕饰，不执着于种种限制，方能体会道的本意。

从前一位闻名遐迩的画家，想要创作一幅尊贵的佛陀画像。由于不了解佛陀的具体形象，因此画家花了数年时间，慎重寻找自己理想中的模特，最后他找到一位相貌庄严、轮廓分明、清净明澈的年轻人。画家认为这就是他所想表达的圣人形象，于是重金聘请这位年轻人当模特。果然，这幅画展出后，轰动了艺术界，画家被更多的鲜花与赞美包围。一段时间后，画家又想：如何能够突破自己已有的高度呢？唯一的方法就是用美与丑的极端对比营造出强烈的艺术效果。佛陀是最庄严的，而恶魔最丑陋，那么接下来是不是应该画一幅最丑陋的恶魔像？

画家便又开始寻找一位相貌极端丑恶的人，多年后他终于在监狱中找到一名与他心中所想十分契合的死刑犯。当画家快要画完的时候，这名死刑犯忍不住哭了出来，说："几年前，我就曾经当过你的模特，那时你画的是佛像；几年后，你画恶魔，竟然再次选中我。"

画家听后愣住了，他说："怎么会这样啊？你以前看起来庄严光明，为什么会沦落到如此境地？"死刑犯告诉他："那时你画完之后给我很多钱，我想要充分享受人生的快乐，谁想到吃喝玩乐，将钱财挥霍一空后竟沾染了种种恶习，造下无边罪业，才落得今天的下场。"

俗话说，相由心生。昔日，这位年轻人的心清净明澈，无私无欲，没有迷失，所以能成为佛像的模特；后来迷失于善恶之间，一遭沦陷，无法自拔。画家为了将善淋漓尽致地描绘出来，最终却造就了一个迷失的灵魂。

其实每个人的本性都没有差别，而往往被后天的欲念所玷污，变得争权夺利、事事计较，或因一时糊涂一步踏错，步步皆错。然而在这茫茫尘世中轮回漂泊，又有几个人的心能够不被欲念沾染？保持一颗原有的"初心"，不要为世俗制造善恶美丑的标准，才能避免人们迷失自我。

一位禅师行脚时路过一间卖茶的茶坊，因为口渴，就顺道进去想喝杯茶小憩一下。店主一看是位云水僧就热情招呼，并且问道："禅师，辛苦了吧？喝茶吗？"然后又问道："想必您是一位禅道高深的禅师。在下有一个问题想请教您，如果您能为我解答，我就供养您，如何？"

禅师点点头："你问吧！"

店主问道："古镜未磨时如何？"

禅师很快地答道："黑如漆。"

店主再问道："古镜既磨了以后如何？"

禅师回答道："照天照地。"

店主不以为然，说道："对不起！恕不供养。"说着转身就入店内去了。禅师愣了一下，突然领悟到其中奥秘，不禁惭愧自己修行不够。

店主以古镜比喻人的心性，人的本性其实清净明朗，如果说"未磨黑如漆，已磨照天地"，那么便陷入了人为标准的误区。自然而然，保持初心，坚守本性，若人人皆能如此，世间必是一片祥和。

浮生进退皆自然

从茶道看道家

中国茶道中，人们把有托盘的盖杯称为「三才杯」：杯托为「地」，杯盖为「天」，杯子为「人」。意思是天大、地大，人更大，正与道家「天大，地大，王亦大」的思想契合。如果连杯子、托盘、杯盖一同端起来品茗，这种拿杯手法就称为『三才合一』，也与道家中『天人合一』的思想吻合。

善恶、美丑相对出

欧洲人喜欢用真善美的字眼，认为科学所追求的是"真"，宗教和哲学所追求的是"善"，而艺术和文学所追求的是"美"。中国传统思想里也讲求真善美，虽然不用这些字眼，但《大学》里也有"止于至善"一说。所谓"至善"，从字面上来解释就是：最高的善，绝对的善。这也是为大众指明了一个追求的方向。另外儒家所推崇的"仁"、"孝"、"慈"也都可看作中国版的真善美学说。

但老子对真善美的认识却是非常与众不同的。说到"美"，他同时看到了"丑"，当他看到"善"的时候，"恶"就紧跟其后。善恶、美丑，都是互相衬托而出的。在他看来，美与丑、善与恶都是相对的，仿佛一体之两面，是"同出而异名"的。这也就是说，美丑、善恶都没有绝对标准。建立一个善的典型，善便会为人利用，成为作恶多端的挡箭牌；建立一个美的标准，便会出现"东施效颦"的陋习。《战国策》中记录了这样一个故事：

楚威王对大臣莫敖子华感慨杰出人物太少。于是莫敖子华告诉他一个故事：从前楚灵王喜欢腰身纤细的人，于是楚国的士大夫们为了细腰，拼命节食减肥，饿得头昏眼花，站都站不起来。有时候坐着的人要站起来，还得扶着墙壁不可。为了腰身纤细，博得大王的宠信，即使饿死了也心甘情愿。然后莫敖子华对楚威王说，臣子们总是希望得到君王的青睐，如果大王订立贤人的标准，真心招纳贤人，众臣子肯定争相效仿。

为人上者，如果有这样或者那样的偏好，下属便会以之为行为的标杆。就算居上位者推行所谓的仁义道德，也很容易被人歪曲，最终成为造孽的借口。而且这些所谓的仁义道德或者功勋伟绩，又真的就是他们所表现出来的样子吗？很多时候，这些东西只是统治者一段时间的内心偏向罢了。

林则徐奉道光皇帝的旨意南下销鸦片。道光皇帝给他许多上谕，有一个这样说的："奏悉，所缴鸦片烟土，敕即在虎门外销毁完案，无庸解送来京。俾沿海居民及在粤夷人，共见共闻，咸知震响。该大臣等唯当仰体朕意，窍实稽查，毋致稍滋弊混！钦此。"大意就是让他自己看着办吧，把鸦片在虎门销毁了，也让别人瞧瞧大清朝不是好欺负的。林则徐禁烟有功，上谕连连褒奖。后来，洋枪洋炮一响，林则徐又接到这样一个上谕："无非空言搪塞，不但终无实际，反生出许多波澜，思之曷胜愤懑，看汝又以何词对朕也。"说他敷衍塞责，难以交差。

林则徐的下属们都很疑惑，林则徐说："信而见疑，忠而被谤，古往今来，多出一辙。唯有立即上表谢罪。"结果还来不及谢罪，道光皇帝就把林则徐充军到伊犁去了。

同一个林则徐，同一个禁烟的行为，"功"与"罪"却只在别人的一念之间。这样的功罪标准多么可怕，与其奉行这样的标准，倒不如当初就不定标准。老子提出，如果天下人都知道了怎样是美，那么，丑便会随即产生；如果天下人都知道了什么是善，那么恶也就不可避免地出现了。从原本的无美丑善恶之分到有美有丑、有善有恶，人们其实渐渐被一种人为的标准所左右，而这样的标准又有谁能确保就是正确无误的呢？

南师说，有真善美，便有假恶丑；有天堂，便有地狱；有极乐世界，便有无边苦海。有人甘愿沉沦于罪恶的地狱，有人情愿沐浴在无边苦海，二中取一，便是背道而驰；两两相忘，才是道有所成。不执着于真假、善恶、美丑，便可得其道妙而逍遥自在。

道家讲坛

雕琢复朴

庄子反对「成美」，也就是人为雕琢的美，而以自然、天然为美的极致，但并不是说庄子就反对一切人为的艺术。《庄子·山木》说了这样的寓言故事：匠人为卫灵公铸钟，短时间内就造好了，别人问到他的技法时，匠人说："既雕既琢，复归于朴。"这种人为的努力，却在最后让作品与自然融合，这种繁华落尽见真淳的境界也是庄子所推崇的。

高下相倾，福祸相依

"道"是天地之根、万物之宗，道也是万事万物的规则，而老子的道所表现的规律就是"反者道之动"。也就是说向相反的方向转化，这是"道"运动的规律。

《道德经》里不但说了美丑、善恶的关系，还出现了这样一系列的相对概念：长短、高下、难易、有无、前后、祸福、刚柔、损益、强弱、大小、生死、智愚、胜败、巧拙、轻重、进退、攻守、荣辱，等等。正如上一节所说，善恶、美丑都相对而出，相互依存、互为前提。也就是老子口中的"有无相生，难易相成，长短相形，高下相盈，音声相和，前后相随"。但除此之外，还有一个"反者道之动"，也就是以上双方都会朝着相反的方向转化。

老子用"高下相盈"来表达万事万物的辩证两面。南怀瑾先生发掘出许多深远的含义。高高在上，低低在下，表面看来，绝对不是齐一平等的。如果这个观点令人费解，不妨以人世间的事来体会。

一位闻名遐迩的画家每逢青年画家登门求教，总是很耐心地给人看画指点；对于有潜力的青年才俊，更是尽心尽力，不惜耗费自己作画的时间。一位后辈画家对于前辈的关爱感激涕零，老画家微笑着告诉了他一个故事。

四十年前，一个青年拿了自己的画作到京都，想请一位自己敬仰的前辈画家指点一下。那画家看这青年是个无名小卒，连画轴都没让青年打开，便推托私务缠身，下了逐客令。青年走到门口，转过身说了一句

话："大师，您现在站在山顶，往下俯视我辈无名小卒，的确十分渺小；但您也应该知道，我从山下往上看您，您同样也十分渺小！"说完转身扬长而去。青年后来发愤学艺，终于在艺术界有所成就，成为人们口中的"大师"。

站在山顶的人和居于山脚的人，在对方眼中，同样渺小。登山者在高高的山峰上，极目四望，会说："山下的人都如蚂蚁一般！"但其实山下的人可能根本就没觉着山上有人。高大与渺小不过也是一念之间，互相的转化永无止尽。

如果这样还是不易理解，我们不妨再来重温一下经典的福祸相依的故事。

靠近长城一带的人家中，有一个精通术数的老人。一天，他家的马无缘无故逃跑到了胡人的领地。周围的村民纷纷前来安慰，结果这位老人却说："这不见得不是福气呢。"果然，几个月后，他的马带着一群胡人的骏马回来了。村民知道了又来恭喜他，这位老人却说："这不见得不是祸患。"大家都很疑惑，结果不久他的儿子因为想骑骏马，从马上掉下来折断了大腿。村民都很难过，这位老人又说："这怎么就不能是福气呢？"大家都拭目以待。过了一年，胡人大举入侵，打过了长城。壮年男子都被征用，拿起武器去抵抗，结果绝大部分都战死了。老人的儿子因为瘸腿的缘故，留在了家中，父子都保全了性命。

祸兮，福之所倚；福兮，祸之所伏。祸与福相互依存，又不停地相互转化。没有祸，哪来后面的福，而无福，也不会平添几段祸事。高下相倾，福祸相依，这就是"反者道之动"的道理。

道家讲坛

自然命定论与元气论

道家从「天道自然」出发，主张乐天知命，庄子说「知其不可奈何而安之若命」。后世认为其中透露出一种消极避世的思想倾向。而东汉思想家王充认为「命当贫贱，虽富贵之，犹涉祸患矣；命当富贵，虽贫贱之，犹逢福善矣」。他认为人生的贵贱祸福与神无关，也与个人品行无关，而是取决于命，即由处于母体时禀受自然元气的厚薄所决定。这就是王充的「元气论」。

浮生进退皆自然

天地与我并生，万物与我为一

物和道似乎是两个不同的世界。从物的角度来看天地，有脊背展开像泰山、翅膀展开就遮天盖地的"大鹏鸟"，也有扑腾一下翅膀不过几尺高的斑鸠；有看不到晚霞就死去的微生物，也有久存天地几百年的老龟。从物的角度来看，万事万物都存在着差异。

但是庄子却说："以道观之，物无贵贱。"具体的万事万物都有各自的本性，但它们的自然本性也都体现了无所不在的"道"，而从道来看，"万物皆一"，也就是万物都是无差别的，无论是西施，还是效颦的东施，是草茎还是栋梁，都是没有什么差别的。南怀瑾先生读《庄子》，说《庄子·齐物论》就是告诉我们"人如何解脱物理世界的束缚，达到那个真正无差别平等的道体"。

要理解万物的无差别，先来看看庄子所说的道在哪里。

东郭子问庄子道在哪里，庄子回答说："无所不在。"东郭子说："愿闻其详。"庄子就回答说："在那些蝼蚁出没的地方。"东郭子很吃惊："为什么在那样的地方？"庄子说："还在稻草中。"东郭子很纳闷："这更不堪了。"庄子接着说："在瓦砾之间。"东郭子说："这比前面更甚了。"庄子又说："也在粪坑里。"

东郭子被庄子弄糊涂了，庄子微笑着告诉他："你问的道的本质，我们每一个人都不能看到它真实的构成。但是它就好像往下面走的天体，越往下走越到了一个肮脏境界，就像猪圈一样。那里的生命像猪一样的一身泥一身水，肮脏不堪，但是每个人还觉得挺好的境界。你所能做的就是不要拒绝道，因为所有的天体将无所逃避，都在道法的正法救度同化中。很高的道家真人几乎都为此而来。道法的存在都在其中，'周'、'遍'、'咸'这三个字，名称不一样，但是含义一样，都是指的'一'"。

道无所不在，我们以为的那些低级、卑下的东西里也存在着道。所以，道不是绝对化的，它存在于任何一个物里。所以，以道观之，万物皆一。"天地一指也，万物一马也。"这是庄子的名言。南怀瑾先生认为，庄子是把天地间的万物看成一体，一个完整的整体，就好像马的头、马的脚、马的毛等总合起来，才叫一匹马。少了马的任何一样，都不是完整的马。

南先生说，世间的人与物来源于同一个本体，虽然个体不同，但都是生命的一分子，就像马身上的一根毫毛一样，都是平等的。因此，生命之间需要相互理解、相互尊重。尊重生命的平等，渺小的生命和我们一样有活在世界上的权利与生命的尊严，它应该得到应有的理解、尊重和关爱，对一个生命的尊重也是生命中固有的一部分。

一切众生皆为平等，而这种平等又给予了众生最大的自尊。有人说："世界上没有完美平等的事情。"诚然，事实上的平等很难达成，但我们可以从心理上建立平等的观念。例如，母亲喂幼儿吃饭时，自己也张开嘴巴，作势诱导，所以母子之间水乳交融。父亲以身当马，让小孩骑在上面玩耍，因此父子之间心意相通。世间大小尊卑岂有一定的标准？我们唯有泯除成见，彼此共尊，人我同等，相互接纳，才能和平相处，共享安乐。

其实，庄子齐万物的思想与佛教思想不谋而合。佛陀当初在证悟真理时，第一句宣言就说："一切众生皆有佛性！"众生千差万别，在智愚美丑、贫富贵贱上有所不同，但论及众生的本体自性，并无二致。天地与我并生，万物与我为一，都承载这无差别的道体，所以面对万物也无须分什么高低贵贱了。

道家讲坛

——浮生进退皆自然——

无甚偏爱的五脏六腑

《庄子·齐物论》中还有这样一段，也有助于理解"万物齐一"的道理。

众多的骨节，眼耳口鼻等七个孔窍和心肺肝肾等六脏，全都齐备地存在于我的身体，我跟它们哪一部分最为亲近呢？我对它们都同样喜欢吗？还是对其中某一部分格外偏爱呢？这样，每一部分都只会成为臣妾似的仆属吗？难道臣妾似的仆属就不足以相互支配了吗？还是轮流作为君臣呢？难道又果真有什么"真君"存在其间？无论这种寻求的结果如何，那都不会对其真实的存在有什么增益和损害。

086

打破冥顽，心如空谷

老子用"旷兮其若谷"来比喻思想的豁达、空灵。修道有成的人，脑子清明空灵，如同空洞的山谷，回音萦绕。只有心境永远保持在空灵之中，才是真正的七窍玲珑。南怀瑾先生点拨说，心境不空之人，便是庄子口中的"蓬茅塞心"之人。人心不应被蓬茅堵住，而应海阔天空，空旷得纤尘不染。道家讲"清虚"，佛家讲空，空到极点，清虚到极点，智慧自然高远，正所谓"打破冥顽须悟空"。

唐朝江州刺史李渤，问明道禅师："佛经上所说的'须弥藏芥子，芥子纳须弥'未免失之玄奇了，小小的芥子，怎么可能容纳那么大的一座须弥山呢？有悖常识，是在骗人吧？"

明道禅师闻言而笑，问道："人家说你'读书破万卷'，可有这回事？"

"当然！我岂止读书万卷？"李渤一派得意洋洋的样子。

"那么你读过的万卷书如今何在？"

李渤抬手指着头脑说："都在这里了！"

明道禅师道："奇怪，我看你的头颅只有一粒椰子那么大，怎么可能装得下万卷书？莫非你也骗人吗？"

李渤听后，当下恍然大悟。

只拘泥于一种形式之中，只会让心灵关闭、固执己见、自以为是；开通心窍，才能融会贯通。人修道、治学、做人，不仅需要战战兢兢的严谨，同时也需要洒脱自在的怡然，就像老子所说的"涣兮若冰之将释"，"敦兮其若朴"。春暖花开，冰消雪融，普润大地，一如圣人胸襟气度的潇洒与自得。不但如此，一个修道人的行、一举一动，还应该厚道老实、朴实不

夸，仿佛一块朴玉，状如顽石，内在晶莹剔透，又如一方原木，表面其貌不扬，实则上等沉香。而如果内心被蓬茅堵塞，不能像幽深空谷，那就很容易被一些小瑕疵迷了心窍，暗自神伤。

印度有一位智者，学识渊博，德高望重，他有一个小徒弟，天资聪颖，但却总是怨天尤人。这天，徒弟又开始不停地抱怨。智者对他说："去取一些盐来。"徒弟不知师傅何意，疑惑不解地跑到厨房取了一罐盐。师傅让徒弟把盐倒进一碗水里，命他喝下去，徒弟不情愿地喝了一口，苦涩难耐，师傅问："味道如何？"徒弟皱了皱眉头，说："又苦又涩。"师傅笑了笑，让徒弟又拿了一罐盐和自己一起前往湖边。师傅让徒弟把盐撒进湖水里，然后对徒弟说："掬一捧湖水喝吧。"徒弟喝了口湖水，师傅问："味道如何？"徒弟说："清爽无比。"师傅又问："尝到苦涩之味了吗？"徒弟摇摇头。师傅语重心长地对他说："放入一碗水中，你尝到的是苦涩的滋味；放入一湖水中，你尝到的却是满口甘爽。如果你的心是一湖水呢，还能尝到苦涩吗？"

不管是心如空谷，还是心如静湖，都不用刻意为之，不用

心如湖水焉能苦涩

装模作样、故作姿态。以平凡自然之态藏智是修道的一个重要阶段，依老子的看法，一个修道有成的人，是难以用语言文字去界定的，勉强形容，只好以山谷、朴玉、释冰等意象来描述了。佛经中有六如，可比人之心境，一如深溪虎，一如大海龙，一如高柳蝉，一如巫峡猿，一如兰亭鹤，一如潇湘雁，如此才能体会空谷回声、冰消雪融、朴玉沉香之境界吧。

道家讲坛

杨朱哭于歧路

《荀子·王霸》中记载了道家杨朱的一个故事：「杨朱哭衢涂，曰：『此夫过跬步而觉跌千里者夫！』哀哭之。此亦荣辱安危存亡之衢已，此其为可哀甚于衢涂。」意思是说杨朱碰到了歧路，就是有很多岔道的地方，就心生悲哀而痛哭。因为他觉得只要一念之差，走错一步，最后就可能完全与初衷相悖，而差之千里。所谓差之毫厘，谬以千里，这正是杨朱的担忧。其实杨朱的担忧还在害怕主观、人为的选择会丧失人的自然本性。

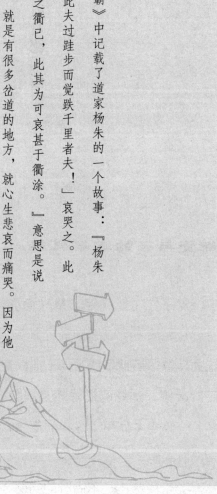

第七章

毋用乱世换取贤德的假面

尚贤与否的道墨之辩

老子在《道德经》第三章说："不尚贤，使民不争。"大意就是如果不可以推崇贤者虚名，人们就不会攀比相争。对这句话的理解，后世多认为老子消极避世，并且给统治者提供了"愚民"政策，这样的说法还是很偏颇的。圣人多用反语，《道德经》全篇中多处用了这样的笔法，表面上是这个意思，而实际上却另有深意。

关于尚贤还是不尚贤的问题，老子的确是不赞成推崇所谓的仁义道德、贤德君子，不过原因何在呢？就先从老子生活的时代说起。春秋时代的社会形态在改变，原本的周朝的土地制度开始瓦解，各个奴隶主贵族互相争夺土地和人口，社会进入了一个动荡不安的时期。南怀瑾先生说："每当在乱变时代中的社会，所谓道德仁义，这些人伦的规范，必然会受影响，而惨遭破坏。"另一方面，乱世却也是孕育学术思想的摇篮，无论是东方还是西方，很多著名的哲学家和思想家就是在乱世中出现的，这仿佛是一个通例。而老子就是其中一个。

老子生活的年代里，周王朝内乱频发，各个诸侯国征战不休，人民生活困苦不堪。这样的时代大背景下，所谓的"招纳贤士"不过是各个诸侯相互争斗的一个方式。他们在各地搜罗人才，供养在自己的门下，以此作为称王称霸的资本。到了战国时期，这样的情况更加突出，有的诸侯门下甚至有"食客三千"，养士已成为上层社会竞相标榜的一种时髦风气。稍微有实力的国君、权臣，都以尽可能多地收养门客为荣。而他们招来的所谓"贤士"，自然要为各自的"霸业"出谋划策。司马迁在《史记·孟尝君列传》中记载了"鸡鸣狗盗"的故事。

当时齐国的孟尝君喜欢招纳各种人做门客，号称宾客三千。一次，孟尝君与众宾客出使秦国。秦昭王却把孟尝君和众门客软禁起来，伺机杀害。孟尝君于是派人去求秦昭王的宠妃，妃子提出要齐国天下无双的狐白裘做报酬，但这件狐白裘孟尝君早就献给了秦昭王。就在万难之下，一个善于钻狗洞偷东西的门客，钻进储藏室把狐裘偷了出来。于是妃子也信守诺言，想方设法说服秦昭王暂时放弃了杀孟尝君的念头。孟尝君立即率领门客偷偷骑马向东快奔，半夜的时候到了关口。秦国法律规定每天鸡叫才打开关口的大门，这个时间鸡不叫怎么开门逃走呢？这个时候孟尝君的另一个门客学鸡叫，引起了其他公鸡的啼声。守关的士兵于是打开关门，放他们出去。孟尝君靠着鸡鸣狗盗之士逃回了齐国。

当时的所谓贤者，也包括着这些鸡鸣狗盗之徒，为各个

诸侯相争提供便利。于是南怀瑾先生说："这一类的贤者愈多，则天下的乱源也就愈难弭平。"南怀瑾先生说贤能的标准，千古难下定论，但推崇贤者的结果，却会导致许多虚伪不一的言行。在这样的背景之下，就可以理解老子"不尚贤，使民不争"的主张了。这种打着招贤纳士的旗号，实际上是为了满足自己夺取天下私心的行为让老子深恶痛绝，所以他自己骑青牛归隐了。

而当时跟道家和儒家并重的墨家，却在这个问题上有着完全相反的看法。墨家的领袖人物墨子特别强调"尚贤"，他一贯主张起用贤人来当政。墨子在《尚贤》中说：天子、诸侯、有地位的贵族们，都希望国家富足，人民众多，刑法和政治安定。然而国家不得富足而得贫穷，人民不得增加而得减少，刑法和政治不得安定而得混乱，这是因为这些执政者们不能尊敬贤者、任用能人参政的缘故。如果国家拥有的贤能之士多了，国家就能走上长治久安的道路。

墨子之所以有这样的观点，是因为他觉得社会之所以衰乱，是因为没有德才兼备的贤者来领导国家。南怀瑾先生说："墨子是春秋战国时期的宋国人，当时宋国的国情来看，比照一般诸侯之国的衰乱，只有过之而无不及。但所以造成一个社会、一个国家、一个时代的变乱，在许多错综复杂的原因当中，最大的乱源，便是人为的人事问题。尤其是主政或当政的人，都是小人而非君子。"所以墨子有这样的观点也是自然。

道家要求"不尚贤"，而墨家则又主张"尚贤"，两种观点看似背道而驰，实际上却又殊途同归，他们都是期望着一种清明、祥和的时代。到底是尚贤好，还是不尚贤好呢？这都不是问题的关键了。避免不必要的纷争，国有明君、贤臣，人民安居乐业，这才是两大家都希望看到的景象。

南怀瑾先生进一步讲解，老子著述的本意，首重效法自然道德的原则。假如人们都在道德的生活中，既不尚贤，又无欲而不争，那当然合乎自然的规范，也就是太平无事的天下了。时代到了后世，人人不能自修道德，人人不能善自整治争心和欲望，只拿老子那些叹古惜今的话来当教条，自然是背道而驰、愈说愈远了。

邯郸学步

《庄子·秋水》中记载了邯郸学步的故事：赵国都城邯郸的人，擅长行走。不仅步子轻快，姿态也非常优美，别国人都非常艳羡。于是燕国寿陵有个少年，千里迢迢来到邯郸，打算学习邯郸人走路的姿势。结果他不但没有学到赵国人走路的样子，而且把自己原来走路的姿势也忘记了，最后只好爬着回去。刻意效法的结果，往往是丢失了本性。

人乃万物之盗

上古经典《黄帝阴符经》说："天地，万物之盗。万物，人之盗。人，万物之盗。"这个思想与道家不谋而合。

为什么说天地、人和万物都为盗呢？南怀瑾先生风趣地说，人活着都是偷了天地自然的东西，偷太阳的光芒，偷土壤的养分，侵害万物的生命，托钵乞食，却还认为是理所当然。修道人偷盗天地精华之机，也是如此。人要不犯盗戒，只有餐风饮露，享受江上之清风与山间之明月，才算是清白。从另一个角度讲，"天地，万物之盗"，天地也是偷了万物的生命，才显现出天地存在的威德功能。如此看来，这个世界本来就是互相偷盗的世界，彼此相偷，互相浑水摸鱼，而夸耀自己为万物之灵的人，也不过是天地眼中的"倮虫"，自欺欺人而已。因此，"盗"无处不在。

盗亦有道

历史上有一个著名的人物——盗跖。庄子曾描写他率徒众九千人横行天下，专与诸侯作对，破人门户，夺人财物，掳人妻女，所到之处，大国据城守卫，小国坚壁清野。由于其经年累月地骚扰民间，气焰万丈，故而是人人畏惧的大盗。据说，孔夫子曾企图劝他改恶从善，结果被他骂作伪君子，而且将孔子驳斥得无言以对。《庄子·胠箧》中不无调侃地说，盗跖之所以得以横行，一方面是所谓的"圣人"给其以可乘之机，另一方面是他主张"盗亦有道"。

有一次，盗跖的喽啰们问他："做强盗也有自己的道义和原则吗？"盗跖回答说："当然，道义原则无论在什么地方都不能抛弃。对于强盗来说，事先摸清楚对方府库中财物的数量和储存情况，精确地估计是否一定能够得手，这叫圣明；开抢时不怕顽强的

浮生进退皆自然

抵抗，戮力同心，奋勇争先，这叫勇敢；抢完后主动断后，掩护同伙，甘于冒险，这叫义气；适可而止，见好就收，反对蛮干，务求必胜，这叫明智；分赃时要平均分配，轻财重义，取少让多，这叫仁义。以上五则，就是我们作为强盗必须遵循的道义和原则。"

仁义之词也成为盗贼的挡箭牌，难怪老子要嘲笑天下的仁义之士。但是盗亦有道的看法却并非没有道理，凡事总要遵循一定的道理，如果逾越了规矩就不能成事。这样再看《阴符经》，就能明白其中的道理所在。

《阴符经》说："天地，万物之盗。万物，人之盗。人，万物之盗。三盗既宜，三才既安。"

也就是如果人能把天地、万物与人这"三盗"之间互相获取的关系处置妥当，天地、万物与人这"三才"彼此方能和谐共处，安定安泰。所以，人的饮食应有度有序，举动当合乎时宜，倘若人人都能够如此，就会出现天下太平的局面。

南怀瑾先生说道家讲"道"便是"盗机"。所谓盗机，也就是自然界天地日月运行不已的法则定数，可以等同道来理解。日月运行、万物生长都在默然地进行着，没有谁因此而居功。这些都是盗机，遵守了盗机，即便你是万物之盗，也无可指责。而如果人刻意违反这些盗机，打破和天地以及万物之间的平衡状态，那么就要遭受到惩罚。媒体上谈及的环境问题，就是人类违背盗机的一个后果。人朝天地和万物索取太多，超过了三者平衡的状态，于是便要承担一系列的后果。温室效应和海啸可能只是一个前奏，如果人还要持续一条贪心索取的道路，后果不堪设想。

所以老子说："不贵难得之货，使民不为盗。"也就是如果不刻意突出某些稀少的物品珍贵，人就不会去盗取。以现实例子来说，人们都觉石油、天然气等能源十分宝贵，所以才会互相争夺，战争不断。而如果人们能看到更重要的东西，而放低对这些物品的欲望，不去争夺，天下也会太平得多。而这个更重要的东西，也便是盗机，或者说是道。

一曰慈

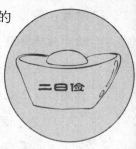

二曰俭

道家讲坛

老子的三宝

老子曾说过他有三件宝物，会小心保管。这三件珍贵的宝物「一曰慈，二曰俭，三曰不敢为天下先」。「慈」是宽容，「俭」是节制，「不敢为天下先」是居后。运用好这三件法宝反而能成就它们的反面：越宽容才能越勇敢，越节制越宽广，越善居后反而能抢先。而如果舍弃这三件法宝，一味冒进、贪多，到头来反而一无所获。

仁义道德浮于表面

老子说："大道废，有仁义。慧智出，有大伪。六亲不和，有孝慈。国家昏乱，有忠臣。"这其实是基于当时社会环境的变化。春秋战国之际，诸侯纷争，割地称雄，残民以逞，原属常事。因此，许多有志之士奔走呼吁，倡导仁义，效法上古圣君贤相，体认天心仁爱，以仁心仁术治天下。诸子百家，皆号召仁义。但是，无论是哪一种高明的学说、哪一种超然的思想，用之既久，就会产生相反的弊病，变为只有空壳的口号，原本真正的

浮生进退皆自然

实义便慢慢被忽略了。

当仁义仅浮于表面，而离本义越来越远时，倒不如摒弃表面的仁义道德。南怀瑾先生说，当内在的精神信仰遭到破坏的时候，人们才会制定出各种各样的外在表面的仁义法则来治理社会秩序；当人们了解外在事物规律并总结出道理的时候，就会用这样的道理违背内心而行事，虚伪地对待外在事物；当人们为了个人的私欲而分散血缘亲情的时候，人们才会拿出孝敬和慈悲的单纯的人伦信仰来拯救家族的和谐；当一个国家处于混乱的时候，才会出现忠臣良将来救社稷于水火之中。

提及浮于表面的仁义道德，让人不由得想起古典小说《镜花缘》中的淑士国，李汝珍以讽刺的手法勾勒出一个满口仁义的表面派国家。家家标榜"贤良方正"、"德行耆儒"、"通经孝廉"、"好义循礼"，不过是做足了表面文章，让人啼笑皆非。比起历史上将"仁义道德"玩弄于股掌之间的人来说，淑士国倒算是小儿科了。

吴起是战国时期著名的军事家，他在担任魏军统帅时，与士卒同甘共苦，深受下层士兵的拥戴。有一次，一个士兵身上长了个脓疮，作为一军统帅的吴起，竟然亲自用嘴为士兵吸吮脓血，全军上下无不感动，而这个士兵的母亲得知这个消息时却哭了。有人奇怪地问道："你的儿子不过是小小的兵卒，将军亲自为他吸脓疮，你为什么哭呢？你儿子能得到将军的厚爱，这是你家的福分哪！"这位母亲哭诉道："这哪里是在爱我的儿子呀，分明是让我儿子为他卖命。想当初吴将军也曾为孩子的父亲吸脓血，结果打仗时，他父亲格外卖力，冲锋在前，最终战死沙场；

现在吴将军又这样对待我的儿子，不知道我儿子要死在什么地方呢！"人非草木，孰能无情，有了这样"爱兵如子"的统帅，部下能不尽心竭力，效命疆场吗？

这是一位目光犀利的母亲，一语中的，一针见血。吴起绝不是一个重感情的人，他为了谋取功名，背井离乡，母亲死了，他也不还乡安葬；本来娶了齐国的女子为妻，为了能当上鲁国的将军，竟杀死了自己的妻子，以消除鲁国国君的怀疑。史书说他是个残忍之人。可就是这么一个人，对士兵身上的脓疮却一而再地去用嘴吸吮，难道他真的是独独钟情于士兵、视兵如子吗？自然不是。他这么做的唯一目的是要让士兵在战场上为他卖命。表面的仁义道德为人称颂，也收买了士兵的忠诚，不过本质依旧被人看了个一清二楚。

老子在当时之所以菲薄圣人讥刺仁义，其实不过是为了打掉世间假借圣人虚名以伪装仁义的招牌。老子希望人们真能效法天地自然而然的法则而存心用世，不必标榜高深而务求平实，才说出"天地不仁，以万物为刍狗。圣人不仁，以百姓为刍狗"的名言，借以警世。

道家讲坛

郭象：放纵与有为并行不悖

郭象是魏晋玄学的集大成者，他的『自生独化』论解决了当时的风流名士价值选择上的两难。他觉得『游外』与『冥内』可以并行不悖。也就是说积极入世、在外建立功勋，这与内在自由、任情随性不冲突。它们是相为表里的，精神超脱，就能不为俗物所累；而积极建功立业，又不沉溺其中，这才表示内心的超然。郭象的理论也就成为道家入世出世之间态度的注脚。

贤德的代价

南怀瑾先生说，老子的历史哲学与儒家的观念，乃至一般社会人生的态度，另成一格，大异其趣。老子是这样说的："大道废，有仁义。"也就是说大道衰微了，后世之人便开始提倡仁义道德。这样的结果就会适得其反。

而后，老子说"六亲不和，有孝慈"，南怀瑾先生这样解释，如果家庭美满，一团和气，大家和睦相处，那么个个看来都是孝子贤孙，根本用不着标榜谁孝谁不孝。如果家中出了个孝子，相对之下，便有不被认同的不孝之子，因此说，六亲不和，才有所谓的"父慈子孝"。

同样，"国家昏乱，有忠臣"也是这个意思。历史上出现忠臣义士的时代，都是生灵涂炭的乱世，往往反映了一代百姓的苦难。如果国家风调雨顺，永处太平盛世，人人自重自爱，没有杀盗淫掠之事，那么也就无所谓忠奸之分了。

岳飞为宋朝名将，事母至孝，家贫力学，母亲在他背上刺了"精忠报国"四字，岳飞以此为一生处世的准则。他为南宋收复辽阔失地，却因"莫须有"的罪名，受秦桧所害，死于狱中。

南宋初年，面对着金人的大举入侵，当时号称名将的刘光世、张浚等人，只会一味地避敌逃跑，而不敢奋起反击。当时岳飞入伍不久，虽然已崭露头角，但还没有太大的名望和地位。当时有个叫郡缙的人，上书朝廷，推荐岳飞，推荐书颇值得思量："如今这些大将，都是富贵荣华到了头，不肯再为朝廷出力了，有的人甚至手握强兵威胁控制朝廷，很是专横跋扈，这样的人怎么能够再重用呢？……驾驭这些人，就好像饲养猎鹰一样，饿着它，它便为你博取猎物，喂饱了，它就飞掉了。如今的这些大将，都是还未出猎就早已被鲜汤美肉喂得饱饱的，因此，派他们去迎敌，他们都掉头不顾……至于岳飞却不是这样，他虽然拥有

数万兵众，但他的官爵低下，朝廷对他也未有什么特别的恩宠，是一个默默无闻的低级军官，这正像饥饿的雄鹰准备振翅高飞的时候。如果让他去立某一功，然后赏他某一级官爵，完成某一件事，给他某一等荣誉，就好像猎鹰那样，抓住一只兔子，便喂一只老鼠，抓住一只狐狸，就喂它一只家禽。以这种手段去驾驭他，使他不会满足，总有贪功求战之意，这样他必然会一再立功。"

乱世出忠臣，在那个是非颠倒、生灵涂炭的年代，即便忠臣也不过是被利用的工具。老子的话不无道理，与其历史上多出些孝子贤臣，还不如家家和谐，无孝与不孝之分，国家安定，无忠奸之辨。所以，与其期盼孝子贤臣，不如致力于一个和谐的人同世界，路不拾遗，夜不闭户，没有恶的出现，也没有善的彰显，失去相对而言的比较，留下的却是绝对的美好。这或许是先古圣贤们可望而不可即的梦吧。

这样一个自然与和谐的大同世界，道家和儒家都是向往的。"夜不闭户"就是出自孔子《礼运·大同》中"是故谋闭而不兴，盗窃乱贼而不作，故外户而不闭，是谓大同"一句。而"路不拾遗"则出自《旧唐书》中记载的一个小故事。

唐朝时，有一个做买卖的人途经武阳，不小心把一件心爱的衣裳丢了，他走了几十里后才发觉，心中十分焦急。这时，有人劝慰他说："不要紧，我们武阳境内路不拾遗。你回去找找看，一定可以找得到。"丢衣裳的人半信半疑。他心里想：这可能吗？转而又一想，找找也无妨。于是他转身回去，果真找到了他丢失的衣裳。

中国五千多年的历史，据历史记载，只有很少的几个时期似有"路不拾遗，夜不闭户"的现象，例如，汉朝的"文景之治"、唐朝的"贞观之治"等。而这两个时代的统治者都是深谙老庄文化的典范。

基于以上，不妨这样来理解道家的观点：如果贤德的出现要付出一个时代的代价，那么不出现也罢。

舜之孝的背后

舜历来与尧并称，是传说中的圣王。他的生母很早去世，父亲续娶，继母生弟名叫象。"父顽、母嚚、象傲"就是他的家庭环境。父亲、继母和弟弟甚至串通，欲置舜于死地。而舜在家里人要加害于他的时候，及时逃避；稍有好转，马上回到他们身边，尽可能给予帮助。所以他在二十岁的时候，就已经以孝行而闻名。南怀瑾先生认为在如此的问题家庭中出现了舜的孝，并不是值得称道的事情。正是这样的父母亲人，才反衬出舜的孝，而有不孝子的出现，人们才会注意到孝子。所以真正的和美家庭，是不会标榜孝子的。

机心远离大道

庄子说"有机事者，必有机心"，意思是那些进行着投机取巧事情的人，一定有着机巧之心。于是他在《庄子·天地》中讲了这样一个故事：

孔子的徒弟子贡前往南方的楚国游历，返回晋国，经过汉水南岸时，看见一位老人在菜园中劳动。这位老人凿通一条地道到井边，抱着瓮装水来灌溉，费了很大的劲，效果却很差。子贡说："现在有一种机械，每天可以浇灌百块菜园，用力很少而效果很好，老人家不想要吗？"种菜老人抬头看着子贡说："怎么做呢？"子贡说："削凿木头做成机器，后面重前面轻，提水就像抽引一样，快得像沸水流溢。这种机械叫作槔。"

种菜老人面带怒容，讥笑子贡说："我听我的老师说：'使用机械的人，一定会进行机巧之事；进行机巧之事的人，一定会生出机巧之心。机巧之心存在于心中，就无法保持纯净状态；无法保持纯净状态，心神就会不安宁；心神不安宁，是无法体验大道的。'所以，我不是不懂得使用机械，而是因为觉得羞愧才不用的。"子贡满脸羞愧，低着头不说话。

庄子的这个寓言并非像有些人所说的那样，是在反对科学，他其实是想通过这个故事告诉我们，一个人若在机巧之路上迷途不返，就只会在机巧之路上越走越远。就像一个追赶自己影子的人那样，自己跑得越快，影子也跑得越快，永远没有追到的一天。摒却"机心"，其实与老子的"不尚贤"类似，即与其让人们追求一个"贤德"的标准，不如保持内在朴实的本性，以免"画虎不成反类犬"，背离自然之道。

一个皇帝想要整修京城里的一座寺庙，有两组人员被找来了，一组是京城里很有名的工匠与画师，另外一组是几个和尚。由于皇帝不知道到底哪一组人员的手艺比较好，于是决定给他们

浮生进退皆自然

机会作一个比较。皇帝要求这两组人员各自去整修一个小寺庙。三天之后，皇帝要来验收成果。

工匠们向皇帝要了一百多种颜色的漆料，又要了很多工具；而让皇帝很奇怪的是，和尚们居然只要了一些抹布与水桶等简单的清洁用具。三天之后，皇帝来验收。他首先看了工匠们所装饰的寺庙，他们以非常精巧的手艺把寺庙装饰得五颜六色。

皇帝满意地点点头，接着回过头来看和尚们负责整修的寺庙。和尚们所整修的寺庙没有涂上任何颜料，他们只是把所有的墙壁、桌椅、窗户等都擦拭得非常干净，寺庙中所有的物品都显出了它们原来的颜色，而它们光亮的表面就像镜子一般，反射出从外面而来的色彩。天边多变的云彩、随风摇曳的树影，甚至是对面五颜六色的寺庙，都变成了这个寺庙美丽色彩的一部分，而这座寺庙只是宁静地接受这一切。

这是一个民间传说的故事，其中蕴涵的禅理与道家思想异曲同工。老子所推崇的无非是和尚所整修的寺庙，只要拂拭洁净，一切还其本来面目，便是最美丽的，不必特意去追求什么。而如果用机心、行机巧之事，到头来可能偏离了本性，从而也偏离了正道。

道家对机心的摒弃被后世误解，以为道家一味反对科技，以至于后代认为科技发明都是"奇技淫巧"，从而设置了相当大的限制，使我国的科技发展一直落后。近代列强以坚兵利炮轰炸开国门时，知识分子就开始痛心疾首地抨击传统文化。其实道家只是针对当时的乱世所阐发的观点，就像南怀瑾先生所说，道家是一剂良方，但也需要对症施治，后世不管时代背景，盲目吃药，导致自己内忧外患，这样的过错能怪到药的头上吗？

道家讲坛

神龟难逃噩运

《庄子·外物》中有这样一则寓言：白龟托梦给宋元君，说渔夫余且要捕获它。宋元君传唤渔夫，果然有此事，于是他就把白龟留下来了。结果宋元君一会儿想杀掉白龟，一会儿又想养起来，犹豫不决中卜问吉凶，卜士说："杀掉白龟用来占卜，一定大吉。"于是把白龟剖开挖空，用龟板占卜数十次也没有一点失误。孔子知道后说："神龟能显梦，却不能避开渔网；才智能占卜数十次也没有一点失误，却不能逃脱剖腹挖肠的祸患。如此说来，才智也有困窘的时候，神灵也有考虑不到的地方。即使存在最高超的智慧，也匹敌不了万人的谋算。鱼儿即使不畏惧渔网却也会害怕鹈鹕。摒弃小聪明方才显示大智慧，除去矫饰的善行方才能使自己真正回到自然的善性。婴儿生下来没有高明的老师指教也能学会说话，只因为跟会说话的人自然相处。"

浮生进退皆自然

104

第八章　处无为之事，行不言之教

无为——顺乎自然以为治

《道德经》第二章中说"圣人处无为之事，行不言之教"。后世多把无为而治当作道家的政治主张，它的具体主张有"不尚贤，使民不争"，"不贵难得之货，使民不为盗"，以及"绝圣弃智"、"绝仁弃义"等内容。而到了庄子，更主张君主应该无欲、无为、渊静，"无欲而天下足，无为而万物化，渊静而百姓定"。

汉代文景之治就是吸取了先秦道家无为而治的思想，强调清静无为，主张轻徭薄赋、与民休息，借以安定民心，发展社会生产。此外，唐代初年和宋代初年的统治者都曾利用无为而治的思想协调处理当时的社会矛盾，并有所收效。

和"无为而治"相对的就是"有为而治"。所谓有为之治，大体有这样几个特征：首先是以德治国。儒家认为道德是人们立身处世的准则，也是国家兴盛、社会安宁的保证。孔子就说过："为政以德，譬如北辰，居其所而众星拱之。""有为"的另一个特征就是"以智治国"，要求运用知识和智慧来治理国家，孔子在《论语》中就提出了"仁智统一"说。此外，"依法治国"和"以力治国"也是"有为之治"的重要特征。

而老子的无为而治既反对"以德治国"，又反对"以智治国"。所以他说"大道废，有仁义。智慧出，有大伪。六亲不和，有孝子。国家混乱，有忠臣"。同时老子也反对暴力战争，故而反对兵家的"以力治国"，认为"兵者不祥之器，非君子之器"。

其实，无论是以德、以智还是以法，这些"有为之治"都有一定的道理。而老子之所以要提出无为之治，不能不看到当时的时代影响。老子所处的春秋时代，诸侯连年混战，战事频繁造成民不聊生。正是在这种情形下，老子提出了无为思想，呼吁统治者要"无为而治"，提倡"好静"、"无为"、"无欲"。"好静"是针对统治者的骚扰而提出的，"无为"是针对统治者的苛政而提出的，"无欲"是针对统治者的贪欲而提出的。所以，老子的无为而治并不是什么都不能做。南怀瑾先生指出，老子著述的本意首重效法自然道德的原则，无为也就是顺乎自然，含有不妄为、不乱为、顺应客观态势、尊重自然规律的意思。也就是有管理但不干涉，人们可以自我发展、自我完善，如此就能够平安富足，社会能够和谐安稳。

所谓无为，不在于毫无作为，而在于顺乎自然，遵从自然之道。虽然后世多把无为的观念视作老子的政治主张，但其实它也

浮生进退皆自然

蕴涵了哲理，即无为的真谛。

三伏天，禅院的草地枯黄了一大片。"快撒点草子吧！好难看哪！"小和尚说。"等天凉了……"师父挥挥手说："随时！"中秋，师父买了一包草子，叫小和尚去播种。秋风起，草子边撒边飘。"不好了！好多种子都被吹跑了。"小和尚喊。"没关系，吹走的多半是空的，撒下去也发不了芽。"师父说，"随性！"

撒完种子，跟着就飞来几只小鸟啄食。"要命了！种子都被鸟吃了！"小和尚急得跳脚。"没关系！种子多，吃不完！"师父说，"随遇！"

半夜一阵大雨，小和尚早晨冲进禅房："师父！这下真完了！好多草子被雨水冲走了！""冲到哪儿，就在哪儿发芽，"师父说，"随缘！"

一个星期过去了，原本光秃秃的地面，居然长出许多青翠的草苗，一些原来没播种的角落，也泛出了绿意。小和尚高兴得直拍手。师父点点头说："随喜！"

"随"也是一种无为，它顺其自然，不躁进、不过度、不强求。它把握机缘，不悲观、不慌乱、不忘形，但它是一种自在的把握，在若有若无之间，安详而宁静地把握住了万物的根本。但在这无为之间，草长莺飞，自有一派欣欣景色。

道家讲坛

无为政治的具体原则

老子的无为学说，推演到政治上，就是推行一种自然政治。它的具体原则如下：

首先守柔处弱，以柔弱胜刚强。表现在国家关系上，大国、小国都要以谦卑的态度互相对待。然后是不争，都保持一颗不争之心，就可以消弭人世间的争端。第三是为无为，事无事。也就是要因任自然，不超出自然法则，使得人人各遂其能。这样的状态虽然看似无为，实则达到了『无不为』和『无不治』的目的。

理所当然，何必居功

老子说："生而不有，为而不恃。"对于这几句话的理解，南怀瑾先生将自然的法则与处世之道融会贯通，娓娓道来：天地间的万物，不辞劳苦，生生不息，但并不将成果据为己有，不自恃有功于人，如此包容豁达，反而使得人们更能体认自然的伟大，并始终不能离开它而另谋生存。所以上古圣人，悟到此理，便效法自然法则，用来处理人事。

为人处世，效法天道，尽量地贡献出来，不辞劳苦，不计较名利，不居功，秉承天地生生不已、长养万物万类的精神，只有施出，而没有丝毫占为己有的倾向，更没有相对要求回报。"处无为之事"，也就是说，一切作为应如行云流水，义所当为，理所应为，做应当做的事。做过了，也便如雁过长空，不着丝毫痕迹，不有纤芥在心。

南怀瑾先生告诉我们，依据老子的哲学观点，天地生万物，本是自然而生，自然而有。万物的生或死都是十分自然的事，天地既不认为生出万物是做了好事，也不认为杀死万物是做了坏事。因为从另一个角度看，天地既生了长养万类的万物，同时，也生了看来似乎相反的毒杀万类的万物。

有两个小和尚为一件小事吵得不可开交，谁也不愿让谁，僵持了一段时间后，第一个小和尚怒气冲冲地去找师父评理，师父正在和一个小和尚讨论经文，听完他的叙述后，郑重其事地对他说："你是对的。"于是，第一个小和尚得意洋洋地跑回去宣扬。第二个小和尚不服气，也跑去找师父评理，师父在听完他的叙述之后，也郑重其事地对他说："你是对的。"待第二个小和尚满心欢喜离开后，一直站在一边的小和尚沉不住气了，他不解

地问师父："师父，你平时不是教我们要诚实，不可说违背良心的谎话吗？可是，你刚才对两位师兄都说他们是对的，这不是违背了你平日的教导了吗？"师父听完之后，不但一点都不生气，反而微笑着对他说："你是对的。"第三个小和尚恍然大悟，立刻拜谢师父的教诲。

以这则佛经故事为例，可以明白，其实在天地眼中，万事万物无明确的对错之分，天地只是冷眼旁观世间一切。天地无心而平等生发万物，万物亦无法自主而还归于天地。

一天，唐朝药山禅师与门下两位弟子云散、醒吾坐在郊外参禅，看到山上有一棵树长得很茂盛，绿荫如盖，而另一棵树却枯死了，于是药山禅师观机教化，想试探两位弟子的功行，先问醒吾："荣的好呢，还是枯的好？"醒吾答曰："荣的好！"再问云散，云散却回答说："枯的好！"此时正好来了一位沙弥，药山就问他："树是荣的好呢，还是枯的好？"沙弥说："荣的任它荣，枯的任它枯。"药山领首。

天地便是如此，荣的任它荣，枯的任其枯，不偏不倚，无悲无喜。真正悟道的圣人，心如天地，明比日月，一切的所作所为，只要认为理所当为、义所当为便自然而然地去做，并非处于仁爱世人之心，因为如果圣人有此存心，便有偏私。庄子说过，有所偏私，便已不是真正的仁爱了，即有自我，已非大公。人们常认为天地有好生之德，倘若天地有知，应会大笑我辈痴儿痴女的痴言痴语吧。

道家讲坛

复归真义的无为论

老子的无为辩证法被庄子演绎成出世的人生哲学，后世多认为其中的消极色彩有些浓厚。而《淮南子》肯定了「无为」中求「有为」的老子真义。强调有为，认为客观世界就像良马一样，等待人去驯化。但这个有为又不是任意妄为，而是因理而为，顺乎自然而为。而这种顺乎自然，也就是一种理所当然之为，有为和无为就得到了统一。

中空无用，自有妙用

空空如也的东西能有什么用处，老子却偏偏认为中空无用自有大用。《道德经》第十一章里说"三十辐共一毂，当其无，有车之用"，正是说明了这样的意思。

南怀瑾先生从古代造车的原理说起，详细解说了老子的意思。古代的车，车轮至关重要，车毂的中心支点是一个小圆孔，由此向外周延，共有三十根支柱辐辏，外包一个大圆圈，便构成一个内外圆圈的大车轮。以这种三十辐凑合而构成的车轮来讲，没有哪一根支柱算是车轮载力的重点，因为三十根平均使力，根根都发挥了特定的功能而完成转轮的效用，无所谓哪一根更重要。可是它的中心，却是空无一物，既不偏向支持任何一根支柱，也不做任何一根支柱的固定方向。

能够承担任重道远的负载的车毂，之所以能够活用不休，是因为有一个支持全体共力的中心圆孔，圆孔中空无物，因而能够

浮生进退皆自然

承载多方力量，轮转无穷。这就是无用之
用的大用、无为而无不为的要妙。而透过
车轮的法则，人们便可以了解修身成就的要
诀，即中空无物，虚怀若谷，合众辅而成大力。

　　而关于有用还是无用，庄子也自有见解。

　　庄子行走于山中，看见一棵奇大无比的树，伐
木的人停留在树旁却不去动手砍伐。原因是伐木工人
认为："那是没有用的散木。用它做船会沉，做棺材
会很快腐烂，做器具就会毁坏，做门窗会流出汁液，
做梁柱会生蛀虫。就是因为一无是处，所以才能长得那
么茂盛。"庄子说："这棵树就是因为不成材而能够终享
天年啊！"庄子走出山来，留宿在朋友家中。朋友高兴，
叫童仆杀鹅款待他。童仆问主人："一只能叫，一只不能
叫，请问杀哪一只呢？"主人说："杀那只不能叫的。"

材与不材

　　第二天，弟子问庄子："昨日遇见山中的大树，因为
不成材而能终享天年；如今主人的鹅，因为不成材而被杀
掉。先生你怎么看呢？"庄子笑道："我将处于成材与
不成材之间。处于成材与不成材之间，好像合于大道却
并非真正与大道相合，所以这样不能免于拘束与劳累。
假如能顺应自然而自由自在地游乐也就不是这样了。没
有赞誉，没有诋毁，时而像龙一样腾飞，时而像蛇一
样蛰伏，跟随时间的推移而变化，而不愿偏滞于某一
方面；时而进取，时而退缩，一切以顺和作为度量，
优游自得地生活在万物的初始状态，役使外物，却不
被外物所役使，那么，怎么会受到外物的拘束和劳累
呢？这就是神农、黄帝的处世原则。至于说到万物的真
情、人类的传习，就不是这样的。有聚合也就有离析，
有成功也就有毁败；棱角锐利就会受到挫折，尊显就会
受到倾覆，有为就会受到亏损，贤能就会受到谋算，而

无能也会受到欺侮，怎么可以偏滞于某一方面呢？可悲啊！弟子们记住了，恐怕还只有归向于自然吧！"

　　到底是有用好还是无用好呢？其实，庄子和老子都给出了一个答案，即不可偏滞于某一个方面。就像老子所说的车轮的空心，不偏向支持任何一根支柱，也不做任何一根支柱的固定方向。正是它的不偏向，才有各根支柱的均衡受力，故而能够向前滚动，行使车轮的职责。空心看似什么也没做，却保证了车轮的前进。而对树木和鹅来说，有用也好，无用也罢，遵从自己的本性就好。后人研习老庄的"无用之用"，历史上便多了一则"萧规曹随"的典故。

　　汉惠帝即位的第二年，年老的相国萧何病重，继任人选就定在了曹参。萧何一死，汉惠帝马上命令曹参接替做相国。曹参用清静无为的办法，一切按照萧何已经规定的章程办事，无所作为。惠帝对此有些不满，便让曹参的儿子曹窋去试探曹参。曹窋依据惠帝的叮嘱询问父亲："高祖归了天，皇上那么年轻，国家大事全靠您来主持。可您天天喝酒，不问政事，长此下去，怎么能够治理好天下呢？"曹参闻言大怒，叫仆人拿板子来，把儿子痛打了一顿。

　　第二天，曹参上朝时，惠帝问及此事，曹参问："陛下跟高祖比，哪一个更英明？"汉惠帝说："那还用说，我怎么能比得上先皇。"曹参说："臣跟萧相国比，哪一个更能干？"汉惠帝不禁微微一笑，说："卿好像不如萧相国。"曹参说："陛下说的话都对。陛下不如高皇帝，我又不如萧相国。高皇帝和萧相国平定了天下，又给我们制定了一套规章。我们只要按照他们的规定继续办，不要失职就是了。"汉惠帝到此才恍然大悟。

不必偏执地追求"有为"和"大用"，中国历史上有许多人，上自帝王将相，下至布衣隐士，似乎本身都无所作为，却成就了大作为，就是因为他们谙熟了老庄"无用之材有大用"之法。即以虚无的胸怀包容一切功用，一切为我所用，才是真正的大用。

『空』与『块』的分别

五代时期的著名道士谭峭，写有《化书》，与老庄合流，论述了有无之间的妙用。他说，「搏空为块，见块而不见空」，又说「粉块为空，见空而不见块」，这其中的『空』与『块』可以理解成有与无。打个比方，在什么都没有的地方（空），建筑了一个房子（块），虚空就看不见了，只看见房子，所以「搏空为块，见块而不见空」。反过来，把房子打破，就觉得什么都没有了，故而「见空而不见块」。

用兵只因"不得已"

老子的五千文《道德经》字字珠玑，各种人似乎都能从里面发现于己有用的字句。历来有人喜欢从兵家角度去看《道德经》，认为它提供了行军作战的谋略，具有很高的军事价值。老子说："将欲歙之，必故张之。将欲弱之，必固强之。将欲废之，必固兴之。将欲取之，必故与之。"几句话就阐释了兵家诱敌之策的精髓。而老子的"知其雄，守其雌"又和兵家"知己知彼，百战不殆"的战略异曲同工。难怪后世有人认为《道德经》就是一部彻头彻尾的兵书。

这实在是太误会老子了，南怀瑾先生经常这样开玩笑，要是老子知道后世对他的评价，不是笑掉长牙，就是气得吹胡子瞪眼了。道家从来就是反战派，无论是老子还是庄子，以及其他道家人物，都在著文中明确表示了"反战情结"。

老子说："兵者，不祥之器，物或恶之，故有道者不处。"意思是武力很不吉利，人们都厌恶它，所以悟道的人也不会接纳它。这就明确竖起了反战牌。而庄子更以一个小故事表明了自己对战事的厌恶和轻鄙。

庄子在《庄子·则阳篇》中借人之口说了这个故事：蜗牛的左角上有一个国家，名字叫触氏，蜗牛的右角上有另一个国家，名字叫蛮氏。这两个国家连年为争夺土地而打仗，结果倒下的尸体数也数不清，甚至追赶打败的一方就要花去整整十五天，之后才能撤兵。

庄子为什么会讲这样一个听起来很虚妄的故事呢，知道了故事的背景就能明白庄子的用意。当时魏惠王与齐威王订立了盟约，齐威王却背信了。怒火不息的魏王打算派人刺杀齐威王。结果将军公孙衍说这是很可耻的行为，认为与其刺杀不如派兵攻打齐国，俘获齐国的百姓，倾占齐国的土地。之后又有其他臣子反对战事，两相争辩，魏王就不知所措了。于是派人请了一个有道之人戴晋人。而以上的故事就出自戴晋人之口。

魏王不信这个小故事，戴晋人就问他："你认为四方与上下有尽头吗？"魏王说："没有止境。"戴晋人说："知道使自己的思想在无穷的境域里遨游，却又返身于人迹所至的狭小的生活范围，这狭小的生活

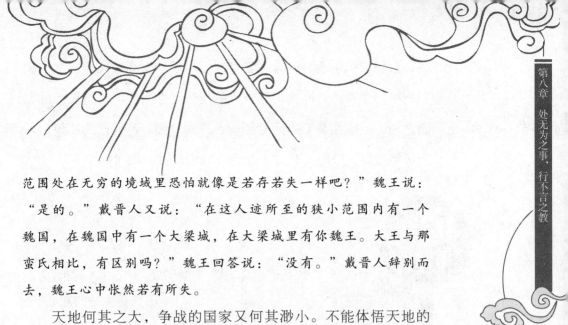

范围处在无穷的境域里恐怕就像是若存若失一样吧？"魏王说：

"是的。"戴晋人又说："在这人迹所至的狭小范围内有一个

魏国，在魏国中有一个大梁城，在大梁城里有你魏王。大王与那

蛮氏相比，有区别吗？"魏王回答说："没有。"戴晋人辞别而

去，魏王心中怅然若有所失。

天地何其之大，争战的国家又何其渺小。不能体悟天地的

博大，却一味纠缠在战事和争端之间，这样的国家与蜗牛上的触

氏和蛮氏又有什么区别呢？从始至终，道家都认为武力是不祥之

物，争战不休的国家就跟蜗牛角的小国一样可笑可悲。可是为什

么老子又确实留下了关于用兵的论述呢？老子是这样回答的：

"不得已而用之，恬淡为上。"

"不得已"三个字道尽了老子的无奈，面对频发的战事、好

战的诸侯、贪心不足的武力者，一味地称颂"慈"也是无用的，

穷凶极恶的人根本难以体味其中的深意。如此便必须有自我保护

的实力，懂得用兵之道，以此抵抗对方的紧逼。所以道家所说的

用兵，实在是不得已而为之，是防卫之战。

但即便是对待这样的战争，态度也不可残酷蛮横，或者在

战胜之后欢欣鼓舞。因为无论是战胜还是战败，总有伤亡。所

以老子说："杀人之众，以哀悲泣之。战胜以丧礼处之。"意思

是杀人众多要以悲哀的心情来看待，战胜的话，也要把它当成

丧礼。

为什么要有这样的态度？因为胜利者若以战事的胜利为最

大的喜悦，就会滋生好战的情绪。当一个武力拥有者将战争、杀

戮、占领当做乐趣时，天下就难以太平了。反观近代历史，充满了战争的血腥味，而其中掌权者的侵略习性不能不说是极大的原因之一。道家在数千年前已经洞悉一切，面对不得已的战争，永远保持敬畏、节制的心态，如此才有未来祥和的可能。

道家讲坛

老子与稷下道家的『乡亲关系』

稷下道家的黄老道派在齐国获得很大发展，这其中也有一个很偶然的历史线索，那就是田氏齐国与老子攀上了乡亲关系。田氏宗族原来是陈国人，而史书中记载老子的故乡苦县就属于陈国。所以田氏就把老子当作自己故国的学者，给了老子学说很大的优待。帝王爱与老子攀亲，看来自古有之。

小国寡民的桃花源

古往今来的大思想家都有一个共同的倾向，他们会从各自的立场出发，设计出心目中的"理想国"，儒道两大家都有各自的设计蓝图。

孔子提出建立一个"大同世界"，这里"天下为公，选贤与能"。人们不只把自己的亲人当亲人，不只把自己的儿女当儿女，这样使老年人能够安享天年，使中年人有贡献才力的地方，使年幼的人能得到良好的教育，使年老无偶、年幼无父、年老无子和残废的人都能

得到供养。路不拾遗，夜不闭户。这样的社会就叫作大同世界。

老子的理想国，又有另一番景象，他叫它"小国寡民"。《道德经》里详细描绘了这个世界：人口不多的小国，虽有舟船可用，但没人要搭乘；虽有盔甲武器等防卫的武器，却因为没有机会使用而不知道该放在哪里。该国人民仿佛回到古时候，以结绳的方法记载一下曾经发生的事情就够了，其他的用品及工具仿佛都是多余之物。人民对于自己已经拥有维生的食物、借以保暖的衣物、安全的居住环境及生活的方式和习惯，都感到满足。邻近的国家之间，大家养的鸡的叫声也都互相听得到，但是两边的人民从出生到死亡之间，却没有必要的往来。

而到了庄子，他向往一种"至德之世"：人类天性保留最完善的时代，人们的行动持重自然，目光专一而无所顾盼。山野里没有路径和隧道，水面上没有船只和桥梁，各种物类共同生活，没有乡县差别，禽兽成群结队，草木遂心地生长。没有所谓的君子和小人，人们像生绢和原木那样保持其自然的本色。

孔子的理想国是"有为"的境界，而老庄的理想国是"无为"的境界。孔子致力于一种伦常世界，规范、严整，人们用道德约束自己的行为，从而和睦共处。而老庄憧憬着一种完全自然的生活态势，返璞归真，与自然和谐共融。无论是"大同世界"、"小国寡民"，或者"至德之世"，儒家和道家都是对现实世界里战乱、纷争厌弃，向往着一种和谐、祥和的景象，即思想家们精神上的乌托邦。

不过，后世一些人说"小国寡民"是老子"虽欲返上古之治而不可得"，是"消极退缩的心情"，是"设想了一个小乐园作为他们逃避各种现实斗争的避难所"，是"带着时代的创伤，逃向原始的乐园，显然是想为时代开倒车"。这样的评价未免太刻

薄了一些。

　　哲学家陈鼓应这样评价"小国寡民"："'桃花源'式的乌托邦。在这小天地里，社会秩序无须镇压力量来维持，单凭个人纯良的本能就可相安无事。没有兵战的祸乱，没有重负的逼迫……是古代农村生活理想化的描绘。"所以，这样的理想是老子针对现实生活弊端而构想和设计出的一种救世方案。它可以平复人们焦虑、不安的情绪，让人真正能在凡尘里"诗意地栖居"，这样的"救世之举"怎能说是"开倒车"呢？

　　晋代的陶渊明在历经数个朝代的更迭以后，依然与老子遥相呼应，他作诗说：

　　结庐在人境，而无车马喧。问君何能尔，心远地自偏。采菊东篱下，悠然见南山。山气日夕佳，飞鸟相与还。此中有真意，欲辩已忘言。

　　这此中的真意，也是"小国寡民"，欲辩已忘言，也是道的真意了。

道家讲坛

浮生进退皆自然

冯友兰说「小国寡民」

　　有人认为老子主张的「小国寡民」、「什伯之器」、「舟舆」都无所用，是对文明与技术的反对。冯友兰先生这么说——知其文明，守其素朴。也就是说，老子并不是反对文明与技术本身，而是否定随之带来的社会丑恶现象。所以文明和技术是可以保留的，这就是「知其文明」，但是又不能丢弃以前的朴素传统，这就是「守其素朴」。如此才是老子「小国寡民」的真正意图。

第九章

上善若水的处世哲学

善利万物而不争

南怀瑾先生十分推崇水，他说水具有滋养万物生命的德性，使万物得其润泽，而又不与万物争利。永远不居高位，在这个永远不平的物质世界中，宁愿自居下流，藏垢纳污而包容一切。

老子在《道德经》中如此言水："上善若水，水善利万物而不争。处众人之所恶，故几于道。居善地，心善渊，与善仁，言善信，政善治，事善能，动善时。夫唯不争，故无尤。"关于这段话的理解，南怀瑾先生说老子是拿水与物不争的善性一面来说明它几乎近于道的修为。

对水如此厚赞，到底也要推演到人的身上。所以，老子实际上是在期望人能做到如水一样。南怀瑾先生由此仔细分析人若水的情况：所谓"居善地"就是善于自处而甘居下地；"心善渊"，就是心境像水一样，善于容纳百川的深沉渊默；"与善仁"，就是行为举止同水一般助长万物生灵；"言善信"，就是言语如潮水一样准则有信；"政善治"，就是立身处世像水一样持平正衡；"事善能"，就是担当做事像水一样调剂融和；"动善时"，就是把握机会，及时而动，做到同水一样随着动荡的趋势而动荡，跟着静止的状况而安详澄止。只要人能遵循水的基本原则，与世无争，永无过患而安然处顺，便是掌握了天地之道的妙用了。

水的品性归结到最重要的一点，便是不争。所谓不争，就是摒弃争强斗胜，抛却争名夺利之心，若人能做到不争，也便可消弭人世间的各种矛盾和争端。从人观之，不争之人的胸襟和境界总是让人由衷赞叹。

管仲与鲍叔牙的故事千百年来被传为佳话，二人从年轻便有交游，管仲生活贫困，常常喜欢占鲍叔牙的便宜，鲍叔牙从无怨言。后来二人各为其主，等到鲍叔牙所辅佐的齐国公子小白被立为齐桓公时，对手的臣子管仲就被囚禁起来了，鲍叔牙此时却一再向桓公推荐管仲，甚至说要完成霸业非管仲不可。管仲由此执掌齐国的政事，齐桓公九次会集诸侯，使天下一切得到匡正，都是根据管仲的计谋。鲍叔牙则甘居其后。

管仲说："我当初贫困的时候，曾经和鲍叔牙一起经商，分财利时自己常常多拿一些，但鲍叔牙并不认为我贪财，知道我是由于生活贫困的缘故。我曾经为鲍叔牙办事，结果使他更加穷困，但鲍叔牙并不认为我愚笨，知道这是由于时机有利和不利。我曾经三次做官，三次都被君主免职，但鲍叔牙并不认为我没有

浮生进退皆自然

才干，知道我是由于没有遇到好时机。我曾三次作战，三次都战败逃跑，但鲍叔牙并不认为我胆小，知道这是由于我还有老母的缘故。公子纠失败，召忽为他而死，我被囚禁起来受屈辱，但鲍叔牙并不认为我不知羞耻，知道我不拘泥于小节，而以功名不显扬于天下为羞耻。生我的是父母，了解我的却是鲍叔牙啊！"

管仲有奇才，鲍叔牙爱其才而能包容他的一切缺点，甘愿为他的功业铺路。这就是不争的胸怀。不争的出发点是利人利物，而非利己，但反过来也能收到利己的效果。依旧以管鲍为例，鲍叔牙善于识人而又毫无私心，所以齐国上下都对他极为敬仰，以至于他的子孙世代都在齐国享受俸禄，十几代人都得到了封地，大都成为有名的大夫。虽然从利己的结果来看不争多少有些狭隘，但也的确道明了不争而无忧的大道。

后世曾有人把"利己主义"的帽子硬扣在道家头上，而老子"上善若水"的观点就是最好的反驳。道家也是利人利物的，只是这个"利"不是推己及人，而是独立地发挥自己的本性，从自身出发为而不争，若众人皆能如此，天下可安享太平。

121

老子的宇宙生成模式

道生一，一生二，二生三，三生万物。万物负阴而抱阳，冲气以为和。

"道"生成万物，又永远都用不完。"一"即是"有"，这是"道"所产生的最初的混沌未分的整体"一"。而这个统一之物再分化为阴和阳，也就是生"二"。阴阳两气互相作用，由此阴阳和合，就是"三"，这种和气再生出万物来，由此从无到有，由一到多。

水无定形，因时而化

世间万物一直处于变动不居的状态之中，就像流水东逝，片刻不停。"人不可能两次踏入同一条河流之中"，这是古希腊哲学家赫拉克利特的名言。因为水流不止，这一刻的河流已经发生了变化，所以人也就不可能再踏入原来那条河流了。

同样的道理庄子也曾经说过。《庄子·齐物论》中说："今之隐机者，非昔之隐机者也。"字面上来理解就是：你这会儿靠在案几上休息的状况，跟从前的情形就不一样了。可以这样理解：我们第一秒坐在这里，每一分每一秒宇宙万物都在变化，第二秒不是第一秒钟，第三秒更不是第二秒了。时、空、万物都在不停地变化着，故不能用陈腐的眼光去看待万物。"士别三日"的典故可以帮助你简单理解这其中的含义。

罗贯中写《三国演义》，说吴国的大将吕蒙，英勇善战，屡建战功，三十多岁就升为中郎将。但他不好读书，常常闹出"张冠李戴"式的笑话。每逢给孙权上书，只能口述，让别人代笔。这样，有时难免词不达意，弄得孙权哭笑不得。所以，吴主孙权劝吕蒙抓紧时间读书，并用自己和别人的体会予以开导，批评他不应强调军务繁忙而不求进步。吕蒙接受了孙权的教诲，开始发愤读书，而且进步很快。

后来，吴国军事统帅周瑜病死，鲁肃为吴国都督。鲁肃最初瞧不起吕蒙，认为他不过一介武夫。一次，鲁肃到吕蒙驻防的地方，故意为难他，提出了许多战略上的问题。他原以为吕蒙一问三不知，但出乎意料的是，吕蒙有问必答，且对答如流，特别是如何对付蜀国大将关羽，吕蒙讲了五条应敌之策，讲得很有见地，令鲁肃折服。

浮生进退皆自然

鲁肃拍着吕蒙的肩膀说："我原来认为你只有武略，是个粗莽武夫，今天同你谈话，才知道你是一个有学问、有见识的人，你已经不是当年的吴下阿蒙了！"

吕蒙于是回答说："士别三日，即应刮目相看。"

今之隐机者，非夕之隐机者也。今之吕蒙亦非夕之吕蒙。万事万物都处在变动之中，眼光又怎可停留在一处呢？而人处在这个瞬息万变的世界里，也就必须顺应外界的变化而变化，因时随化，因地制宜。就像水一样，无定形，所以可以适应任何河道、容器的形状，无论方、圆、扁，都可相安无事。人亦可如此。

南怀瑾先生很推崇曾国藩，曾在《老子他说》花大篇幅介绍了他的为人处世之道。表面上，曾国藩是一介儒生，但他的思想里又夹杂了各家的学说，又以道家思想为甚。他也是"外示儒术，内用黄老"的典型。

曾国藩的同乡好友欧阳北熊认为，曾国藩的思想倾向因时而变。早年在京城时信奉儒家，治理湘军、镇压太平天国时采用法家，晚年功成名就后则转向了老庄的道家。这个说法大体上描绘了曾国藩一生三个时期的重要思想。

曾国藩在京做官时，用程朱理学，同时又得益于唐鉴、倭仁等理学大师的指点，这使他在理学素养上有了巨大的飞跃。他不仅对理学证纲名教和封建统治秩序的一整套伦理哲学，如性、命、理、诚、格、物、致、知等概念，有深入的认识和理解，还进行了理学所重视的修身养性。这种修身养性在儒家是一种"内圣"的功夫，通过这种克己的"内圣"功夫，最终达到治国平天下的目的。他还发挥了儒家的"外王"之道，主张经世致用。

为了镇压太平天国运动，曾国藩回到湖南组建湘军。在对待起义军和管理湘军的问题上，他的一系列主张和措施表现了他对法家严刑峻法思想的极力推崇。他提出要"纯用重典"，认为非采取烈火般的手段不能为治。而且，他还向朝廷表示，即使由此而得残忍严酷之名，也在所不辞。在他看来，儒家的"中庸"之道，在战争与治军上是行不通的。

其实曾国藩内心恪守的是"清静无为"的老庄思想。他常表示，于名利之外，须存退让之心。在太平天国败局已定、即将大功告成之时，他的这种思想愈加强烈，一种兔死狗烹的危机感时常萦绕在他的心头。天京攻陷之后，曾国藩便立即遣散湘军，并做功成身退的打算，以消除清政府的疑忌，这不失为明哲保身的高招。

学水无定形，因时而化，并非是要抛弃自己的本性。水可因河道变化而更改形体，但水仍然是水。正如曾国藩，能以一颗雄心建功立业，亦能以一颗初心清静无为，入世出世都随性自如。

万物皆变动不居，今之隐机者，非夕之隐机者也，万物变而随之变，变中又不失本心，这就是如水的为人哲学了。

低头一拜屠羊说（yuè）

这是曾国藩写给弟弟的诗句，其中蕴藏「屠羊说」的典故，出自《庄子·让王篇》。楚昭王时，楚国被吴国打败，楚昭王开始逃亡。其间，一个叫作屠羊说的屠夫帮了他很大的忙。楚王复国以后，想委以重任，结果屠羊说却只要恢复他卖羊肉的摊位，理由是身份卑微，才疏学浅，不能担当国家重任，否则就会让天下人嘲笑楚国没有法制。曾国藩对屠羊说楚王的数次盛邀都被他拒绝了。

「低头一拜」，可见其功成身退的思想境界。

124

至柔之中的至刚

道家历来流传着孔子问礼于老子的故事，虽然后世儒生多有怀疑，但故事里蕴涵着道家守阴贵柔的思想。

故事说孔子一心向老子问"礼"，于是带着弟子们远道而来拜访老子。表明来意后，老子点头微笑。孔子师徒正准备洗耳恭听之时，不想老子却张开嘴巴："你们看我这些牙齿如何？"孔子师徒莫名其妙地看了看老子七零八落的牙齿，不知何意。随后，老子又伸出舌头问："那么，我这舌头呢？"孔子又仔细看了看老子的舌头，灵光乍现，醍醐灌顶，孔子顿悟，微笑着答道："先生学识渊博，果然名不虚传！"

师徒几人辞别老子，起身返回鲁国。弟子子路疑云重重，不得释然。颜回问其何故，子路说："我们大老远跑到洛阳，原本想求学于老子，没想到他什么也不肯教给我们，只让看了看他的嘴巴，这也太无礼了吧？"颜回答道："我们这次来不枉此行，老子先生传授了我们别处学不来的大智慧。他张开嘴让我们看他牙齿，意在告诉我们：牙齿虽硬，但是上下碰磨久了，也难免残缺不全；他又让我们看他舌头，意思是说：舌头虽软，但能以柔克刚，所以至今完整无缺。"子路听后恍然大悟。

颜回继续道："这恰如征途中的流水虽然柔软，但面对当道的山石，它却能穿山破石，最终把山石都抛在身后；穿行的风虽然虚无，但它发起脾气来，也能撼倒大树，把它连根拔起……"孔子听后称赞说："颜回果然窥一斑而知全豹，闻一言而通万里呀！"

无论这故事真实几分、虚妄几成，倒的确是契合了老子的"贵柔"思想。满齿不存，舌头犹在，舌以柔克刚，所以能长久留存于世。《道德经》第七十八章说："天下莫柔弱于水，而攻坚强者莫之能胜，以其无以易之。弱之胜强，柔之胜刚。"老子对水的推崇，不仅仅因它善利万物而不争，也不只是水无定形能因时而化，还在于水以柔弱胜刚强，以至柔驰骋天下至坚。这便是老子的贵柔论。

　　阴柔与刚强并存于世，刚强的状态是一种巅峰，也是显露的极致，而阴柔可看作一种发展的初始和过程，所以阴柔也蕴涵着更大的发展空间及其可能性。老子说："坚强者死之徒，柔弱者生之徒。"坚强之所以为死之徒，是因为它已经到达极致，所以太过显露突出，容易招致打击。从历史观之，懂得示柔的人，才能最终以柔克刚。

　　秦末天下大乱，各路人马揭竿起义，他们之间约定先攻入咸阳者为王。当时，势力还不甚强大的刘邦先于其他人马，第一个攻进了咸阳。入城后，刘邦一时间贪恋繁华，大有称王之心。此时，亲信樊哙警告他说："你如果想当一个财主，就留在这里；但如果你想要得到整个天下，就应该马上离开这里，免得成为众矢之的。"

　　樊哙的话是有道理的，咸阳是众人箭矢下的猎物，各路人马早就觊觎多时，而这些人中还有势力强大的项羽。如果此时硬碰硬，刘邦必然要吃亏。刘邦虽然有一身无赖气，却也能分清形势，退出咸阳，向项羽示弱，甘居下位，而在暗中凝聚力量，最终在楚汉之争中取胜。

　　狂风之下，高大的树木易摧易折，柔弱矮小的草反而可以迎风招展；坚硬如磐石，屋檐上点滴不止的雨水也能穿透。柔弱，以其韧，以其持久，便可不断发展。所以老子所说的阴柔，并非消极懦弱，而是一种富有生命力的取胜之道和生存之道。

浮生进退皆自然

霸王的暴戾

秦末反秦之军四起，秦将章邯在镇压了陈胜、吴广起义之后，率军二十万屯于巨鹿南数里的棘原，修筑甬道为围城的秦军输送粮草。西楚霸王项羽率军断其后路，继而大败秦军。章邯只得偕同二十万秦军请降。秦军请降以后，项羽担心秦朝降军生变，不顾谋臣的阻拦，执意要屠杀降军，竟将这二十万降兵活埋。而后他在刘邦之后攻入关中，与刘邦进关时的约法三章不同，项羽大军大肆劫掠寝宫，并火烧阿房宫，造成人怨鼎沸，大失民心。暴戾刚强的霸王最终兵败垓下，自刎乌江。

曲全、枉直、洼盈、敝新

老子说："曲则全，枉则直，洼则盈，敝则新，少则得，多则惑。"字面意思即弯曲便会周全，矫正弯曲便会伸直；低洼便会充盈，陈旧便会更新；少取便会获得，贪多便会迷惑。若从为人处世上看，老子似乎提供了一套自利利人的方法——曲全、枉直、洼盈、敝新。

后世很多人就此认为老子才是"厚黑学"的始祖，他的处世方法完全是厚颜心黑典范，耍弄心眼，以诈术取胜。南怀瑾先生

认为这样的论断太过偏激，老子不过留下五千文，解读与阐释都是后世之人为之。后人只根据自己的见解就给老子乱扣帽子，长眠地下的老子如果知晓，不知该作何感想。

后人的误解可能来自于《道德经》这一章跟前面论述的区别，这一章由讲"道体"转到讲"用"，一提到"用"，解读者就朝"潜规则"上联想发挥了，所以有了上述误解。其实道家的思想在出世和入世之间，所以老子既讲道体，也会讲用。南怀瑾先生一再强调，如果光修道，而鄙弃用，那也是不对的。

委曲反而保全的观念其实并非老子的独创，早在《周易》中，这个概念就已经被明确地提了出来——曲成万物而不遗。意思是宇宙万物都是曲线的，故曰"曲成万物"。南怀瑾先生说我们的老祖宗已经知道宇宙都是曲线的，所谓直，是把圆切断拉开，硬叫它直。所以，曲是自然的，直才是人为的。

把这个道理推演到人生，便是提出了一种人生的曲线艺术，不要莽撞地直来直去。比如你开车去处理一件急事，却偏偏碰到红灯或者堵塞，这个时候不妨绕一绕，选另一条路走。你可能觉得绕远了，但实际上最终可能节省了时间。再比如说话的艺术，唇枪舌剑地提意见对方未必接受，反倒不如委婉一点。庄子也曾用故事表达了同样的意思，这就是我们所熟知的"朝三暮四"的典故。

宋国有一个很喜欢饲养猴子的人。他养了一大群猴子，他很懂猴子心里所想，猴子也与他心意相通。这个人宁可减少全家的食用，也要满足猴子的要求。但问题是不久后家里越发穷困，不得已必须减

浮生进退皆自然

少猴子吃栗子的数量。这个人又怕猴子不顺从自己，于是他这样对猴子说："给你们的栗子，早上三个晚上四个，够吃了吗？"猴子一听，都站了起来，十分恼怒。过了一会儿，他又说："给你们栗子，早上四个，晚上三个，这该够吃了吧？"猴子一听，一个个都趴在地上，非常高兴。

"朝三暮四"现在的意思用来比喻反复无常，但它的本义就是在讲"曲则全"的道理。养猴人稍稍换了个说法，猴子们便能接受，彼此就可以不起冲突，相安无事。

不过，要善于用曲线，也必须坚持直道而行的原则，不然会沦为奸猾。"枉则直"，歪的东西把它矫正过来，即为枉。但不可矫枉过正。一件东西太弯了，稍加纠正一下即可，如果矫正太过，又弯到另一边去了。曲则全，但曲本身不是目的，纯粹地讲曲，则是滑头和懦夫的行径了，这就偏离了老子的主旨。所以，南怀瑾先生如此秒言"曲直"——曲直之间，运用之妙，存乎一心。

《管子》中的间接艺术

《管子》中《心术》、《内业》、《白心》、《枢言》四篇，对老子的道术加以了新的解释，将"道"明确为"气"或者"精气"，认为精气就是道，是同时存在的两种称呼。同时认为，一切行动要因之而行。《管子》四篇把君主比作驾车的马夫，认为他不必代替马，只要驾驭它；又比作养鸟人，不是代替鸟飞，而是把它养得羽翼丰满，让它飞。马夫和养鸟人都不是直接去奔跑或者奋飞，而是以间接控制的方式行进。

多言数穷，不如守中

修炼神仙丹道学派的道家有这样的严厉教训，"开口神气散，意动火工寒"，意思是再好的功夫，只要开口讲一会儿话，功夫就垮了。修道动了意，火工就消了，道也修不成了。就像烧饭的火候要够，如果一下生火、一下灭火，自然无法成事。这个观点认为说话是最伤元气的行为，而且是促使短命、造成不好运气的最大原因。

神仙丹道学派的这个观点，可能来自于《道德经》第五章，老子在这里说"多言数穷，不如守中"。所谓"数穷"便是气数欠佳、运气坎坷的表示。但这种说法，是否绝对合理，南怀瑾先生用古体文的"其然乎，其不然乎"两句话来作结论，这其中的深意可自去领会。

有人认为老子所说的"多言数穷，不如守中"只是明哲保身、与世无争的教条，因为为人处世终究是"是非只为多开口，烦恼皆因强出头"，这样理解有些浅显，只是抓住了这句话的一层含义而已。

老子云："天地之间，其犹橐龠乎？虚而不屈，动而愈出。多言数穷，不如守中。"意思是天地之间，不正像一个冶炼的风箱吗？虚静而不穷尽，越动风越多，话多有失，词不达意，还是适可而止为妙。为什么说像风箱呢？风箱在当用的时候，便鼓动成风，助人成事。在不需要的时候，便悠然止息，缄默无事。懂得了风箱的原理，就会发现"多言数穷，不如守中"，并非让人完全不开口说话，只是说当说的，既不可多说，也不可不说。

南怀瑾先生用"言满天下无口过"来表达这种语言的艺术，意即将自己所固守的准则表达出来，却又不能过于直白，以免他人积怨。

浮生进退皆自然

宋人张邦基在《墨庄漫录》中曾录有一则与苏轼有关的乡谈趣闻：

苏轼在翰林院供职时，他的弟弟苏辙在处理政务的机构为官。有个早年与苏轼兄弟有往来的旧交，写信求苏辙在任内为他谋份差事，久而未遂。一天，这人找到苏轼，说："鄙人想托学士为我的事情跟令弟打个招呼。"苏轼沉吟片刻，跟他说了个故事："过去有个人很穷，无以为生，就去盗墓。他挖开一座古墓，见有个全身赤裸的人坐在棺内对他说：'我是汉代的杨王孙，提倡裸葬，没有财物可接济你。'盗墓人无奈，又费了一番力气挖开了另一座古墓，见有个皇帝躺在棺内对他说：'我是汉文帝，墓里没有金银玉器，只有陶瓦器皿，无法接济你。'盗墓人颇为丧气，见有两座古墓并排在一起，就去挖左边这座墓，直挖到精疲力竭方才挖开。只见棺里有个面带菜色的人对他说：'我是伯夷，被饿死在首阳山下，没办法帮得到你。'接着，伯夷又说：'我劝你还是别费力气再挖了，还是另找个地方吧，你看我瘦成这样，我弟弟叔齐也好不到哪儿去，也帮不了你。'"来者听完苏轼所说的故事，大笑而去。

苏轼以讲故事的形式，巧妙地运用了三个典故，将自己兄弟俩严于律己、不偕流俗的意思，逐层循次地表达了出来，语言生动流转，妙趣横生，取得了非常好的婉拒效果。既说出了自己的原则，又让故人会心而去，言满天下，不留罅隙。

懂得"言满天下无口过"，既不以言失人，也不以人失言。孔子也曾说过："可与言而不与之言，失人；不可与言而与之言，失言。智者不失人，亦不失言。"老子的"多言数穷，不如守中"与之有着异曲同工之妙，一句话便点明了言谈与做人的理想契合点。

辩无胜

庄子与惠子时常辩论，二人都十分善辩。但其实庄子对辩论的态度是否定的，他很怀疑辩论结果的真实可靠性。他认为，谁在辩论中获胜，并不能表明他所说就是对的，而且也找不到能够作出裁决的第三人，因为人都会处在各自的立场之中。而论辩都是一种主观性与另一种主观性的较量，得不出一个客观的真理。这种相对主义的态度就被后世称为『辩无胜』。

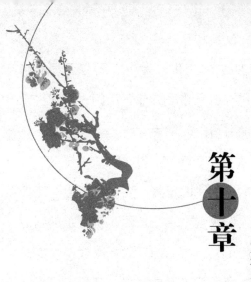

第十章

无待无己，独与天地精神往来

列子御风犹有待

道家庄子的人生哲学是自由的哲学、逍遥的哲学，反对违反天性的"人为之举"，主张返回人的自然本性，也就是"反其真"。而要复归真性，就要摆脱套在人身上的枷锁，无所依附和倚待，也就是"无待"的境界。

所谓"无待"，就是主体完全没有倚待，不受束缚的绝对自由的状态。这是庄子对人生境界的最高设想。庄子并没有直接用"无待"这个词，但《庄子·逍遥游》中已经隐含了此意："若夫乘天地之正，而御六气之辩，以游无穷者，彼且恶乎待哉！"这句话可这样理解：至于遵循宇宙万物的规律，把握"六气"

（指阴、阳、风、雨、晦、明）的变化，遨游于无穷无尽的境域，他还仰赖什么呢？庄子用"彼且恶乎待哉"反问，意即"无所待"，这就是庄子设想中绝对自由的境界。

与"无待"相对应，自然是"有待"，怎样算"有待"？人世间因为"有待"而不自由的事情比比皆是。名、利、生、死，都是人所纠缠不放的东西，人们执着于这些东西，也就永远到不了"无待"的境界。同时，庄子又将"无待"的标准放得很高，在他眼里南飞的大鹏和御风的列子都还只是"有待"。

大鹏鸟"背若泰山，翼若垂天之云，抟扶摇羊角而上者九万里，绝云气，负青天，然后图南，且适南冥也"。列子"御风而行，泠然善也，旬有五日而反。彼于致福者，未数数然也"。在一般人看来，大鹏和列子已经是很自由的了，但庄子认为他们"犹有所待"，因为他们都依靠风，所以这还不是真正的自由。那庄子眼中的无待之人又是何种模样呢？

庄子用"神人"来描述这样的无待之人。"肌肤若冰雪，淖约若处子。不食五谷，吸风饮露。"这样的描写看起来真是不食人间烟火的仙人形象，这样不受外部形骸所拘束的仙人，与世俗凡人的不自由形成了对比。

《庄子·大宗师》中写："俄而子舆有病，子祀往问之，曰：'伟哉，夫造物者将以予为此拘拘也！'曲偻发背，上有五管，颐隐于肩，肩高于项，句赘指天。"

子舆生病了，子祀去看他，说的不是"祝您早日康复"之类的问候的话语，而是说："你现在很不错，造物主用一个身体把我们拘束住，但你刑期够了，快要解脱了。"子祀厌恶的身体是怎样的呢？用一个骨架子、几十斤肉就把我们拘束住了，我们人体不是完全直的，背驼起来，上面弄一个头，头上弄五个洞。

　　庄子借子祀之口，说出了自己对人体形骸的看法。这一堆外在的东西有时候就会束缚我们的精神。不只是外在形骸，无待的真人对于成败、毁誉、生死、是非、得失，也都该全然忘之，过多地分辨与计较就会被这些外物所累。《庄子·秋水》说："牛马四足，是谓天；落马首，穿牛鼻，是谓人。"意思是牛马有四肢，这是自然之理，而人们给马套上鞍，给牛鼻子穿上环，就让它们被束缚住了。南怀瑾先生将之推演到人，认为人又何尝不是这样？被形体所累，被各种名利枷锁所累，难得无待之境。

　　《庄子·德充符》一篇中展示了一系列外形残缺、丑陋不堪，但精神修养圆满的人物，这些"才全德不形"的人也是庄子逍遥无待之道的理想人物。所以庄子的无待哲学，不是让人克服外在限制而获得自由，而是反求诸己，从自身用工夫，从精神上超越一切自然和社会的限制。

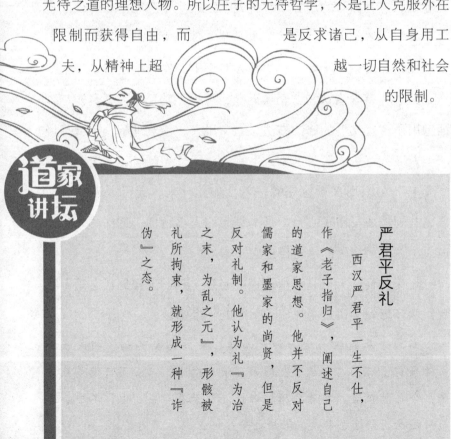

道家讲坛

严君平反礼

　　西汉严君平一生不仕，作《老子指归》，阐述自己的道家思想。他并不反对儒家和墨家的尚贤，但是反对礼制。他认为礼"为治之末，为乱之元"，形骸被礼所拘束，就形成一种"诈伪"之态。

无己之境，心神不随外物变

庄子认为，要达到"无待"境界，最根本的办法是实现"无己"。他在《逍遥游》中这样说："至人无己，神人无功，圣人无名。"

关于这句话的理解，后世意见颇多。一种说法是：修养最高的人忘掉自我，修养较高的人无意追求功业，有学问道德的人无意追求名声。所谓无己，就是无我，也就是忘掉一切外物，连自己的形骸也忘掉。庄子认为能达到这样的境界，才算逍遥游。

有学者认为"至人"是庄子理想中修养最高的人，能达到任天顺物、忘其自我的境界。"神人"，是庄子理想中修养仅次于"至人"一等的人。"圣人"本是儒家理想中修养最高的人，而庄子却将其置于"至人"、"神人"之下，作为第三等。

此外，有学者认为"至人无己，神人无功，圣人无名"三句话运用了"互文"的修辞方法，互文见义，参互理解。也就是说"至人"、"神人"、"圣人"都一样，"无己"、"无功"、"无名"可以用来形容任何一者。如此一来，无己、无功、无名，共同构成了庄子心目中最为理想的人格特征，这样的人也便进入了"无所待"的绝对自由之王国。

无论如何，无己是无待之道的必经之途。怎样的状态是无我呢？南怀瑾先生讲述了《庄子》中的一个情境。

南郭子綦隐机而坐，仰天而嘘，答焉似丧其耦。颜成子游立侍乎前，曰："何居乎？形固可使如槁木，而心固可使如死灰乎？今之隐机者，非昔之隐机者也。"子綦曰："偃，不亦善乎而问之也。今者吾丧我，汝知之乎？"

南怀瑾先生趣话南郭子綦是软绵绵地靠在案几上，"一副懒得不得了的神情"。他的学生颜成子游就问了："老师啊，我现在看到你的外形像一块枯的木头，毫无生气，由外形看到内心，内心像死灰一样，一点活气都没有，冷冰冰的。人的身心怎么可以到达这个样子？"

南郭子綦说："是的，你问得好啊，你看我这样不好吗？换一句话说，我这样很好嘛！你觉得有疑问吗？我告诉你，此时此刻，我已经没有我了。"

南郭子綦"已丧我"，又何所谓衰弱或者振奋呢？外形怎样表现都是可以的，也都是很好的。外人的猜疑也毫无关系了。南怀瑾先生这样解释这个"丧我"，他认为一个人要真正解脱物理世界的困扰，解脱一切烦恼而到达真正的逍遥，唯有"丧我"，也就是无我。没有达到亡我，不能了解那个万物不齐之间，有超乎形而下到形而上是完全"齐一"。而真正达到了无己，心神便能不随外物的变化而动，真正自由翱翔于天地。

《庄子·大宗师》这样说"丧我"。子祀问生病的子舆："你讨不讨厌我们的这个身体？"子舆说："一个人亡掉了我，长得漂亮不漂亮，形体属不属于我，生与死等，都没有关系了。假使天地把我们的左臂化成鸡，就靠鸡定时的打鸣声和猫眼睛的变化这两个天然的大钟来定时间；假使把我们的右臂变成弹，那就拿来做弹子用，把鸟打来后烤来吃了；假使把我们变化成轮子，只要我的精神还在，我的精神就变成鸟拉着轮子走。"一个得道的人，随便怎么变化，都不受什么拘束。

无己之境界，便是得"道"之后，精神上泯灭物我之差别，忘记了自我，无论外物怎样变化，心神始终唯一即可。

神与物同游

庄子不对物与我作出明确界限，而是物我同一。物的生命就是人的生命，人的生命也是物的生命，如此，人与自然就合为一体。刘勰作《文心雕龙》将这种境界归结为「神与物游」。庄子梦蝶，不知是人是蝶，是梦是醒，物我已经超然无界限。

不如相忘于江湖

《庄子·大宗师》说："泉涸，鱼相与处于陆，相呴以湿，相濡以沫，不如相忘于江湖。"意思就是：泉水干涸了，两条鱼为了生存，彼此用嘴里的湿气来滋润对方，苟延残喘，显得仁慈义气，但与其在死亡边缘才这样互相扶持，还不如大家安安稳稳地回到大海，优游自在，互不照顾来得好。

"相忘于江湖"后代文学作品中用得很多，尤其是一些武侠小说中经常见到。大家不要一见到"江湖"就浮想联翩了，鱼之江湖，也就等同于人之天地，不能直接和武侠小说里血雨腥风的争战场画上等号。

南怀瑾先生这样解释庄子的这句话，认为对于世俗之人来说，与其患难见真情，还不如根本无情，在安定的生活中因无此需要而各不相帮，无风无浪才好，至于那些无事生非，本已得享平淡恬静，却仍不安分的人，便更相形见绌、不堪一提了。"相濡以沫"，或许令人感动；"相忘于江湖"则是另一种更为坦荡、淡泊的境界。人为的仁爱毕竟是有限的，当人需要仁爱来相互救助时，这世界便已不好了，大自然的爱是无量的，所以人应相忘于自然，如同鱼相忘于江湖。

讲完了鱼相忘于江湖，庄子接着说："与其誉尧而非桀也，不如两忘而化其道。鱼相造乎水，人相造乎道。相造乎水者，穿池而养给；相造乎道者，无事而生定。故曰：鱼相忘乎江湖，人相忘乎道术。"南怀瑾先生这样理解此句：与其那么恭维尧舜，还不如不把桀纣看得那么坏，是非太明不一定是好事，很多是非都是自找麻烦，"不如两忘而化其道"。把是非善恶毁誉都"化"掉，那就可以相忘于江湖、相忘于天地了。庄子的这个观点和老子不尚贤的观点一脉相承，都是要求独守内心的宁静，而不以外界的标准、是非观来束缚自己。

南怀瑾先生更进一步深入讲解，"无事而生定"，即你的心中，一天到晚要"无事"，心中无事，就是真正的定。真正的定要做到"于事无心，于心无事"的境界，能入世做事情，但心中没有事，为俗事操劳忙碌，"喜怒哀乐发而皆中节"，但心中不留事，这样才是真正做到无事而生定。

佛家也有与此相通的道理。传说南宗六祖惠能，初寻师至韶州，闻五祖弘忍在黄梅，他便充役火头僧。五祖欲求法嗣，令徒弟诸僧各出一偈。上座神秀说道："身是菩提树，心如明镜台，时时勤拂拭，莫使有尘埃。"彼时惠能在厨房碓米，听了这偈，说道："美则美矣，了则未了。"因自念一偈曰："菩提本非树，明镜亦非台，本来无一物，何处染尘埃？"五祖便将衣钵传他。于是惠能成了六祖，开创中国禅宗顿悟的禅风。

本来无一物，何处惹尘埃？本来相安无事，又何必以各种标准、是非相互羁绊？佛家、道家有众多观念相通，而在"相忘"的道理上，儒家也遵此理。孔子就曾告诉子贡，有静定而得道，能够找回自己本有的道。庄子说，养鱼必须挖塘放水，让鱼在里面优游自在，而修道必须要做到心中无事，才能生定。进一步来讲，如同鱼在水里面不知道有水，真得了道的人，也不觉得自己有道，道与人相合，从这个层面来讲，相忘的境界便是道家所说天人合一的境界。

道家讲坛

浮生进退皆自然

老子『不责于人』

老子提倡『不责于人』，就是不苛求别人，不抓着别人的过失不放。他说：『有德司契，无德司彻。』契大概等同于现在的合同、借据之类，而彻就是税法。这句话就理解成，有德之人凭契约办事，而无德之人强行个人意志，苛责别人。而在庄子看来，对别人的指责往往是因为局限在『小知』上，实际上你自己所知道的却不一定为真，是非本无定论，所以也主张『不责于人』。

140

追之不及又何须执着

列子陪同一位"神通广大"的神巫来见壶子，岂料神巫转身就逃，列子追之不及，回来对老师说：看不见，丧失了，抓不回来了。

这是《庄子·应帝王》中的一个情景，原文这样记述："与之见壶子。立未定，自失而走。壶子曰：'追之！'列子追之不及。反，以报壶子曰：'已灭矣，已失矣，吾弗及已。'"

南怀瑾先生说，庄子用"已灭矣，已失矣，吾弗及已"三个阶段来强调，其实讲述了一个人生道理。每一件事情，过去便永远不会回来了，不管怎么追，也永远抓不回来，这就是现实。

这样的追之不及，人生中比比皆是。若追之不及，也无须执着。《庄子·大宗师》中说："夫藏舟于壑，藏山于泽，谓之固矣。然而夜半有力者负之而走，昧者不知也。"南怀瑾先生解释这里的"藏"字，就是佛学中所说的执着，也就是抓得很牢。一个人对生命之中的一切，都想把握得很牢，其实生命永远都不会给你完全把握的。所以要想将人生牢牢把握，就是这里所说的"藏舟于壑，藏山于泽"，把船藏在山谷里面，把山藏在海洋里面。如此隐藏，在普通人看来，的确十分牢固。人们往往不知道，虽然我们认为藏得很好，但是有个大力士，半夜三更不知不觉地把山和船都背走了。

南师笑称，中国早已有"日心说"，认为地球是圆的。而中国古籍中的"天圆地方"，是指地有方位，曾子就曾讲过地球是圆的，且一直在旋转，所谓"天道左旋，地道右旋"的观念，由来已久。而这里庄子说，人们以为自己坐在地球上很稳当，实际上地球一直在转动，仿佛山在夜里悄悄被人搬走。

人生不可能完全被掌控，正所谓"谋事在人，成事在天"，生命中总有些难以预料的事情，有时无须太过执着，就好像一捧细沙，你握得越紧，越容易流失。自以为一切尽在掌握中，一切藏得严严实实，其实却十分不牢靠。

看看呱呱坠地的婴儿，生下来都是两手紧握，两只小小的拳头仿佛想要抓住些什么；看看垂死的老人，临终前都是两手摊开，撒手而去。这是上天对人的惩罚吗？当他双手空空来到人世的时候，偏让他紧攥着手；当他双手满满离开人世的时候，偏让他撒开手。无论穷汉富翁，无论高官百姓，无论名流常人，都无法带走任何东西。造物主总让人两手空空来到人世，又两手空空离去。既然如此，又何必偏执于某一点、某一事、某一物呢？想永远藏住一点，是不可能的。要达到某种程度的突破，有时必须放下执着。

悟道也是一样，过于执着于道的名相，反而难以参透。佛家有相通的道理。

浮生进退皆自然

佛家南岳和尚来拜访马祖和尚，开口询问："马祖，你最近在做什么？""我每天都在坐禅。""哦，原来如此，你坐禅的目的是什么？""当然为了成佛呀！"南岳闻言，不言不语，随手拿来一片瓦片，默默地磨了起来。马祖百思不得其解，开口问道："你究竟想干什么啊？"南岳平静地回答："你没有看到我在磨瓦吗？""你磨瓦做什么？""做镜子。""大师，瓦片是没法磨成镜子的。""马祖啊，坐禅也是不能成佛的。"

坐禅是为了观照真正的自我，从而悟道成佛，这是一般人对坐禅的认识，马祖也这么认为。然而，南岳看到马祖天天坐禅的生活，却给予否定的评价。言外之意是想告诉马祖，他过分拘泥于坐禅的形式和手段，本想牢牢抓在手里的举动反而偏离了佛法的精髓。不如自然而然，放下执着。

佛法如此，道亦如此。

道家讲坛

庄子安时处顺

庄子眼中的「时」不只是指时间，而是包括时代环境、社会环境、生活环境等空间概念。而他要人们安时，就是要人们不择时、不择地、不择事，安于什么不应有条件和前提，不过分执着于一些条件，在各种环境中都能泰然处之。

参破生死，安之若命

明代学者徐文长写过一首五律《读庄子》：

庄周轻死生，旷达古无比。何为数论量，生死反大事？乃知无言者，莫得窥其际。身没名不传，此中有高士。

徐氏说庄子"轻生死"，这个"轻"字并非轻视、侮蔑之意，而是表示一种淡然的态度。这种参破生死的态度，早已经消除了对生的执着和对死的恐惧。庄子不为生死烦忧，听从生命的自然安排。道家对生死的态度可从他曾讲述的一个故事窥见一斑。

丽姬原本是一个民女，因为皇宫选宫女，她被选中。当时的她哭天抢地，争闹不休。但还是被选入宫中，结果后来当上了皇后，清闲一世。而她回想当初被选中时，在家里哭得一塌糊涂的悲惨情形，就觉得当初是多么的荒唐、愚蠢、无知。

同样的道理，在生死问题上也是如此，因为人心怀死亡的恐惧而在临死前拼命哭泣，死了以后若真的有泉下有知一说，估计才知道临死时的哭泣与挣扎都是多余的。生死就是最根本的大问题，所以哲学家常常会思索死亡的问题。所谓"千古艰难唯一死"，如果这一点能够看透的话，人生还会有什么困难呢？老子也曾说过："民不畏死，奈何以死惧之？"如果老百姓不怕死亡，那么你就算用死亡来吓唬他也没有用。南先生说，生与死是人生旅途中的一个大转折，有着看透生死的勇气，就等于把人生中的生死问题彻底解决了。

庄子的妻子去世后，老朋友惠施来吊丧，结果看见庄子席地而坐，两腿叉开。这是一种很不合礼仪的坐法，惠施有些不满了。结果庄子竟然还"鼓盆而歌"。惠施就很生气："你妻子给你生儿育女，与你共同生活，身老而死。你不哭就算了，还敲着

浮生进退皆自然

盆子唱歌，真是过分。"庄子便告诉老朋友自己的想法，他认为人的生死变化，如同四季运行，春夏秋冬不断变换交替也是自然而然的事情。这是天命，既然天道如此，又何必哭泣呢！

看透生死，节哀顺变，一切随遇而安，就不会在人生的旅途中为生死而饱受困扰。一个人活在这个世界上，是顺着生命的自然之势来的；年龄大了，到了要死的时候，也是顺着自然之势去的。南怀瑾先生由此讲到老子的观点"物壮则老"，一个东西壮到极点，自然要衰老，"老则不道"，老了，这个生命要结束，而另一个新的生命要开始。所以，真正的生命不在现象上，要看通生死，"安时而处顺，哀乐不能入也"，这才是最高的修养。生死的问题看空了，随时随地心安理得、顺其自然，自己就不会被后天的感情所扰乱了。

中国有一句名言，"安时处顺"，典故出在《大宗师》。南怀瑾先生这样解释，命活着的时候，把握现在的时间，现在就是价值，要回去的时候就回去，所以一切环境的变化、身心的变化也都没有关系，因为这些都是自然本来的变化。这个道理弄通了，就会达到"哀乐不能入"的境界，也就是喜怒哀乐都无所谓，都不入于心中。庄子说这个道理最难懂，了解了，懂得了这个道理就是道。

说到安之若命，就像中国人常说"这就是命"，很多人觉得这种思想是消极、悲观的。其实不然，南怀瑾先生用这样的例子说明。很多乡野老妪，可能一辈子没有离开过村子，整日里在田间劳作，辛苦非常。外人如果问起来："很辛苦吧。"他们可能会淡然地回答："没什么，是命。"南先生认为，这样的态度，比起很多所谓的大哲学家要更通达。如此才是道家所向往的达观人生。

下篇 —— 道教之兴隆与衰微

第十一章

道教简史，点到为止

秦皇汉武的求仙路

　　作为中国土生土长的宗教，道教有着另一种式样的历史。它并非由某位"教主"在短时间内形成，而是有一个相当长的前史。虽然后世多把道家老子尊为"太上老君"，但老子的确不是道教的创始人。关于道家与道教的关系在首篇已有介绍，这里就不再赘述。

　　道教的文化渊源可以一直追溯到上古时期，我们的先民认为万物有灵，将日月星辰、风雨雷电、山川河岳皆视为有神主宰，因而产生敬畏感，乃对之顶礼膜拜，同时又认为人死后灵魂不灭，因而又产生了对鬼神的崇拜。这个时候的人们遇事便由巫

祝通过卜筮来寻求答案。后世道教成为多神教，就是来源于这种古代的鬼神崇拜，同时道教的一些法事也与古人鬼神祭祀礼仪和礼制有密切的关系。

南怀瑾先生介绍说，周代开始了文化思想和政治的革命，人们力求摆脱鬼神的崇拜，但人生问题这个旷古大谜，仍然让人探求不断。面对苦短的寿辰，又妄想着牢牢把握，于是养生之说与求长生不老之方的思想便一直流淌不息，西周中叶便有了穆王驾乘八骏马，日行万里，会见王母求道的故事。

秦始皇统一六国以后，这个"始皇帝"开始倾心于上古帝王的"封禅"，想要借此上祈天神的庇护，同时又可以炫耀自己的丰功伟绩。而帝王暮年虽可以傲视天下，可是面对"天命"，就只能生出几分无奈和彷徨。所以始皇帝开始探求长生不老方。

始皇帝对"不死药"的执着情怀来自一个叫徐福的方士，古书里将他描写为一个头脑聪明、胆大心细的骗子。公元前219年，徐福来到秦王的宫廷，声称《山海经》上面记载的蓬莱、方丈、瀛洲三座仙岛就在东方海中，那里有长生不老之药。

徐福第一次东渡没有带回长生之药，但他言之凿凿地告诉始皇，东方的确有神药，顺带提出个条件，说是神仙要三千童男童女和各种人间礼物。秦始皇求药心切，答应全部条件助他再次东渡。结果，徐福一去不复返。据说他东渡到日本，日本就留有徐福的传说。

徐福失踪后，秦士，派他入海寻找"高誓"，一个还是不知所终。

始皇又找到一个叫卢生的方两位古仙人，一个叫"羡门"，结果由此可见，在秦始皇时期，虽然为统一思想而焚书坑儒，但神仙方士等流派，并未受到影响。南怀瑾先生还指出卜筮、方伎、医药等，也并未置于禁例，所以种下汉代阴阳术数、神仙道士发展的根源。

汉初文帝、景帝以道家黄老学说为政治导向，采取轻徭薄赋、与民休息的政策，而到了汉武帝时期，汉朝国力达到鼎盛。英年勃发的汉武帝想要建功立业，定海内、平外邦，就自然对柔弱为用的政治策略不满。经董仲舒建议，"罢黜百家，独尊儒术"，但道家思想仍然弥漫于朝野上下。而到了武帝晚年，他对神仙方士之术的热爱，简直不下于秦始皇。

汉武帝最宠爱的夫人死了以后，他深感哀痛。这时有个方士少翁，自称二百岁，有仙术，能叫死者显灵。汉武帝信以为真，请他做法还魂。这个少翁在屋子中间挂着薄纱似的帷幕，请汉武帝单独坐在帷幕外面等着，一会儿后，少翁领着一个美人慢慢走在帷幕后，汉武帝恍惚之间觉得像逝去的夫人。他马上想跑过去，结果美人立刻不见了。少翁就责怪汉武帝心急，说阴阳究竟是两条路，皇上阳气旺盛，就把夫人阴气给冲走了。武帝认定少翁有仙术，封他为文成将军，还赏给他不少黄金。

此后汉武帝又按少翁的意见，为求见神仙而修建了甘泉宫，劳民伤财，大兴土木。结果神仙并未现身。为了挽回武帝的信任，某日，少翁指着牛对汉武帝说："这头牛的肚子里准有天书。"结果将士从牛肚子里拿出一条布帛来，上面写着字。可惜这个少翁骗术不够周全，叫汉武帝认出了布帛上是他的笔迹，于是被斩。

南怀瑾先生说，神仙方士之术到汉武帝之世而昌盛，开启后来东汉、魏、晋道家神仙方术思想的基础。但是一些荒谬不经、牵强附会的道术，也在汉武帝时代发达。南怀瑾先生认为，神仙方士之术，本来具有一定科学基础，但牵涉政治，再夹杂富贵权

位欲望，就会贻祸无穷。

这些神仙方士虽然名号尊崇老学，其实是伪道学。后世一提及道教，就会将其与各种旁门左道联系在一起，大抵也来自秦汉皇朝对方士术数的推崇。而后世一概而论，把画符念咒、吞刀吐火之术都变成道家的文化，就有些不当了。

五斗米教初创，天师传道

"道士"一名大抵出现在东汉之后，就是由秦汉时期的方士演变而来。他们隐居在各地名山大泽，修炼仙道。这个时期被南怀瑾先生称为"诸山道士时期"，此时道教还未正式建立。最早的道教教团当属张陵创办的"五斗米教"，也就是历代道教徒口中的正一道或者天师道。

张陵，也就是后世尊称的张天师或者张道陵。他本来是个太学学生，博采五经，好神鬼事。早年曾在巴蜀任过江州令，后来他悟通仕途沉浮，辞官隐居。《蜀记》中说张道陵在汉顺帝或者桓帝时去了四川，在鹤鸣山修道著书。他死后，儿子张衡继续传道，此后孙子张鲁又接过衣钵。而"五斗米教"的得名，就是因为入会学道者要交纳五斗米，相当于现在的入会费。

张陵创的正一道，主要经典有《老子五千文》、《太平洞极经》等。教徒日常诵习五千文，符水治病，与鬼神为誓约等。张陵在鹤鸣山著道书二十四篇。

张衡接替张陵传道，关于他的记述不多，但到了张鲁行道的时期，已经据有东川，掌握实际的地方行政权，设官置吏，皆以鬼神之道命名，俨然为一路诸侯，而执掌政教合一的实权，对于四川政局，有举足轻重之势。南怀瑾称他是中国历史上施行地方宗

浮生进退皆自然

教政治的第一人。后来张鲁向曹操投降，被拜为镇南将军。而他投降以后，大批教徒北上，五斗米教的势力就扩展到中原地区。

略晚于五斗米教，早期道教的另一大派太平道也开始兴盛。从东汉和帝开始，外戚和宦官交替专权，彼此争权夺利，东汉王朝的统治日益腐朽和黑暗，整个社会一直动荡不安，再加上频频发生的自然灾害和瘟疫，民众便萌发了"汉室已衰"的感觉，他们盼望有超人间的力量来救助自己。

东汉顺帝、灵帝时，巨鹿人张角创立了太平道。张角在民间活动十多年，聚集了大量信徒。他自称"大贤良师"，在自己的势力范围内实行分区管理，实际上已经开始政教相合。张角用符水咒说治病的方式传道，治好了很多患了疫病的人，故而信徒颇多。传说中，许多人为了投奔张角，争先恐后而来，沿途挤得水泄不通，半途被踩死多人。

公元184年，张角相约信众以"苍天已死，黄天当立，岁在甲子，天下大吉"为口号兴兵反汉，起义者头绑黄巾，所以被称为"黄巾军"。一个月内，全国七州二十八郡都发生战事，黄巾军势如破竹、州郡失守、吏士逃亡，震动京都，此后就开始了长达九个月的战乱。最后黄巾军主力战败，太平道也宣告覆亡。

南怀瑾先生认为这种借用宗教之名相号召，而有政治预谋的活动，后世应当引为殷鉴。太平道与五斗米教的基本信徒是民间百姓，其传播手段又不仰赖官方，故后世称它们为民间道教，又因教义比较简单、组织单纯，被称为原始道教。

北寇南陆，道教沿革

魏晋时期，社会一直动荡不安。而在五斗米教张鲁死后，众道教徒四方散布，遍及大江南北。此时虽然道家思想以及道术开始广泛地传播，但分散的教众也导致组织混乱，这样很不利于道教的发展。

南怀瑾先生认为，此时佛教文化源源输入，而且已经有相当完备的理论。由此扩展到北朝社会，在政治上开始道、佛两教的互争雄长。在外来宗教思想的冲击之下，道教组织的散乱和理论的浅陋都成了制约它发展的关键点。这样的背景之下，道教急需沿革，于是就出现了改革道教的"北寇南陆"。

南怀瑾先生首推北魏的新天师道寇谦之为道教改革的中坚分子。寇谦之的天师道由正一盟威道演变而来，也把它称为新天师道。《魏书·释老志》记载，寇谦之"少修张鲁之术"，是正一道教徒。他本来出身士族，他的家族地处关中，是当地的名门大族。五斗米教教徒北上时带来了天师道，于是寇氏家族也深受其影响，世代信奉天师道。

《魏书·释老志》说寇谦之早年就有"绝俗之心"，后来遇到了奇人成公兴。成公兴是寇谦之姨妈家里的一个雇工，形貌潇洒有仙风，而且干活卖力不知疲倦。由此引起了寇谦之的兴趣，他专程拜访成公兴，与之相谈甚欢。又发现成公兴精通《周髀》算数，于是寇谦之愿拜之为师。哪料成公兴断然不从，却愿意以弟子身份侍奉寇谦之。于是就有了寇成二人名为师徒、实则相反的关系。后来成公兴邀约寇谦之隐居嵩山，采药服食，潜心修道。数年以后，成公兴飞

浮生进退皆自然

升，之前他对寇谦之说："先生未便得仙，政可为帝王师耳。"而寇谦之则继续留在嵩山，研究成仙之术。

教徒后来记载寇谦之得太上老君玄孙真传，授予《录图真经》六十卷和天师之位。而从《魏书·释老志》对经书的转录来看，应该是寇谦之假托老君之名自己撰写的，打破了五斗米三张世袭天师的制度。他对天师道的改革主要有这些：除去三张伪法，废除租米钱税制度，使道教"专以礼度为首，而加以服食闭炼"。诵习道经，亦改"直诵"为"乐诵"，即诵经时用音乐伴奏。同时，理顺了以前道教信奉的群仙系统，把杂乱无章的原始道教提高到宫观道教的水平。而且首创了帝王受道教洗礼、登坛受箓制度。

寇谦之在宗旨、组织、道经、斋仪等各方面创立了新道教的基本规模，而且将帝王和各级贵族吸收入道。在寇谦之改革后的北方天师道，就被称为新天师道或北天师道。

寇谦之之后，南朝刘宋的庐山道士陆修静又对南方的天师道进行了改革。史书上看不到关于陆修静的具体记载，他的故事都散布在一些道书中。据说陆修静自少修习儒学，爱好词章，年长时弃家入云梦山隐居修道。后来四方云游，寻访仙踪，之后隐居庐山。宋明帝将他招入京都，并为他修建了崇虚馆。在这里，他整理了道教经典，又广制斋醮仪范，扩大了道教在上层的影响。

陆修静将收集的道书，包括上清、灵宝、三皇各派的经典加以整理甄别，鉴定其中经戒、方药、符图等一二二八卷，分为"三洞"，即洞真、洞玄、洞神，撰定了《三洞经书目录》，成为我国最早的道教经书总目，并奠定了后世纂修《道藏》的基础。经陆修静改革后的南方天师道被称为南天师道，在南朝曾得到一定的发展。在陆修静后不久，南朝陶弘景又进一步总结、充

实和改革，开创了茅山宗。关于他的故事在后面详谈。

在众多道教理论家的改革之下，道教面貌焕然一新。南北朝时期也就成为道教日趋成熟的时代。但南怀瑾先生认为，此时的道教还是南北各自为政，不能联合统一，所以学术思想也难以一贯，与传承严整的佛教相较，略逊于一筹。

斋醮法事

祭祀前整洁身心之身，称为斋；醮就是祭祀。斋醮是道教特殊的宗教仪式，又称为做道场。三张时期就有一些古拙简陋的法事。陆修静改革以后，仪式更加完备、成熟。斋醮概括起来可分为禳灾祈福的清醮与超度亡灵的幽醮两大类。在斋醮进行中，法师通过完成存神存想、踏罡步斗、掐诀念咒等系列特定行为，调动自己的元神，降真致圣，进而陈词进表，请降天恩。道场上还有特定音乐。

佛道之争，初唐尤甚

浮生进退皆自然

一方是中国土生土长的"嫡亲子"道教，另一方是由外而来的"他山之石"佛教，两大宗教自南北朝以来，就相互竞争。南怀瑾先生指出，二者的争雄到了初唐就达到了"尤烈"的地步。

唐代李氏皇帝跟老子"攀上亲戚"，声称自己是太上老君老子之后。这样的态度很明显地表现出对道教的推崇。但佛教此时在中国也已经有了长足发展，统治者的这种态度自然会引发不满，于是有了佛、道的几次争辩。

唐高祖李渊在位时，太史令傅奕首先上表批评佛教，罗列罪状。他认为佛教"剥削民财，割截国贮"，而且导致"军民逃役，剃发隐中；不事二亲，专行十恶"，所以请求罢废。佛教徒们纷起撰文反击，同时寻求朝廷内部和达官显贵们的支持，太子李建成就是佛教的支持者之一。于是一心重道破佛的高祖动摇了决心。

之后，太子李建成与秦王李世民怨隙已成，将兴内难。傅奕又再次上疏批佛。清虚观道士著书托傅奕奏上，佛教徒亦著书反驳。道、佛教徒们自此开始直接参战，佛道之争日趋明朗化、公开化。高祖突然意识到傅奕等誉道毁佛都有政治私心，心下不满，于是下诏同时淘汰佛、道，不过未能施行。

傅奕曾做过道士，据说他夜观星相，看到"德星守秦分"，认为秦王李世民会得天下，于是告诉了高祖。李氏兄弟的争位斗争中，很多道士参与，都站在李世民这一边。所以说李世民得以登九五之尊，除却谋臣之功，道教徒也起了推波助澜的作用。

南怀瑾先生说，道、佛两教的斗争，在初唐高祖时代，已经牵涉宫廷内幕的大案，古今中外宗教与政治的不解之缘发人深省。

李世民登基以后，大力发扬崇道的"尊祖之风"。贞观十一年，唐太宗下了一道诏书，称道教教主老子唐宗室先祖，认为道教应在佛教之上。这又引起佛教徒的一次抗议。佛教徒中，法琳开始著书抗争。认为老子并不聚众授徒，算不得道教的始祖。

这个法琳，执着之念颇甚。几番争辩，不仅把道教归在旁门，又把李氏皇族归在拓跋之后。太宗于是极为不满，但他没有直接处死法琳，而是对他说："你作《辩证论》说'念观音的人临刀不伤'，我就给你七天时间念观音，看行刑之时头是否断。"七日之后，太宗派人询问法琳，观音是否显灵。法琳回答："我七天以来一直念陛下，没有念观音。"太宗闻此大笑，于是把法琳流放，而没有问斩。

法琳硬要与道教力争教徒的政治地位，在流放于岭南的途中死去。南怀瑾先生说："由此而见宗教心理的强顽，可笑亦甚可敬。"而自此之后，佛、道之争也暂告一段落。太宗为人气度不凡，是得道明君。他对佛教虽然贬抑，但并没有采取过激政策，晚年还支持玄奘翻译佛经，这也就有了后来的《西游记》故事的起因。

而后的女皇帝武则天是唐代最为崇佛的皇帝，她在位时，道教和佛教平起平坐。而到了玄宗，又是一个极为崇道的皇帝。此后武宗、僖宗等都以道教为先。

唐王朝初建，统治者们需要借助神权的扶持来神化王室，从而夺取民心。佛、道两教无疑都能起到光饰朝廷和神化政权的作用。不过道教土生土长，再加之李姓道教与李氏王朝的一段"姻亲"，所以更为推崇道教。道教在唐朝也就达到了隆盛。

道家讲坛

浮生进退皆自然

重玄说

唐代道教学者以《道德经》和《南华经》为本，阐释道教教理，都申论「重玄」之说。「重玄」出自《道德经》首章「玄之又玄，众妙之门」，阐述了有无之道。道士成玄英这样发挥，他说有无之道，而无欲的人又滞于无，修道之人要讲究有无双遣，最终达到物我皆空。此后，王玄览继承重玄之说，但强调「坐忘修心」。

宋明道教帝王缘

北宋时期，道教的发展与唐朝时基本一致，都得到了统治者的尊崇和扶持。南怀瑾先生介绍说，唐末到宋初百余年间文化思想的明争暗斗，已经不再是昔日道、佛两教间的争执。由于新儒家学说振兴，于是有了将佛、道两教学说排斥为异端的思潮。虽然如此，北宋皇帝仍然笃信道教。

宋太宗大造宫观，花三年时间在终南山下铸造道观，并且亲自题匾"上清太平宫"。宋太宗的铸观活动，一直到他病死为止。而他当政期间，礼遇隐士陈抟以及各方道士。太宗信奉无为之道，对道教的扶持远大于限制。

而由宋真宗开始，利用道教来为政治服务的趋势就极大地加强了。真宗曾御驾亲征，却打了大败仗，还签订了屈辱的盟约。

为了掩饰自己在军事外交上的失败，他与幕僚们一起设置了宗教烟幕弹，想要转移民众的注意力。

宋真宗召见王倾若等大臣，说："朕去年十一月二十七日半夜时，突见满屋光耀，如同白昼。一个神人下凡告诉我要在下月三日建道场一月，彼时将降天书三篇。"真宗说神人嘱咐不得泄露天机，所以过去没有讲。他遵照神仙的指示，吃素斋戒，在朝元殿建了道场。结果果然有鹤叼来二丈长的黄帛。众臣子听后，都认定是天书，于是真宗到泰山封禅。后来真宗又和一些大臣演出赵氏始祖下凡，并以赵天尊为祖的戏码，希图模仿唐朝李氏的做法。

南怀瑾先生对这样的行为颇多微词，认为宋代的道教，因为帝王作政治权术的运用，与唐朝大异其趣。唐太宗诏书坦然说明李老君为同宗远祖的动机，毫无妄诈的意图，而宋真宗远逊唐太宗，因此北宋末期深受宗教之祸，也非偶然。

到了宋徽宗，皇帝崇道已经鼎盛。徽宗自称"道君皇帝"。南怀瑾先生以为，以徽宗的才气禀赋，能成为造诣颇高的文学家或艺术家。可惜他生在帝王之家，又登上皇帝宝座，实乃偏差。他做了皇帝以后，酷好玩弄花石，四处搜刮奇花异石，用船运至开封，称为"花石纲"，以营造延福宫。同时大建宫观，并设道官二十六阶，发给道士俸禄。徽宗身边围绕着一群道人，深受他宠幸，如林灵素。

传说林灵素少时曾为苏东坡书童，东坡问他有什么志向，他说"愿作神仙"。这个人一直饱受争议，一些教徒斥之为假道人，但也有道教典籍称他孤高脱俗。

林灵素号称可以用符水为人治病，徽宗看他表演了几次。一些驼背、盲人、聋人等在他手下都立刻治愈，跪拜称谢。徽宗心悦诚服。现在看来，林灵素倒是一些江湖术士的始祖，他的把戏现在还有人在用。

而徽宗对道教的狂热使得国库耗尽，金国南下后将其俘虏。南怀瑾先生认为宋徽宗的笃信道士巫术，造成道教在宋史上的污点。这是帝王玩弄宗教的肤浅权术，跟正统道家其实是无关的。

而明朝立国也离不开道人。明太祖朱元璋的幕僚中，刘基、宋濂等人皆是道家人物。还有一个著名的颠仙周颠。虽然正史关于他的记载不多，但朱元璋曾经亲自为他撰文，可见他与皇帝的渊源。

周颠，长相怪异，举止疯癫，几次到当地官府去求见官员，嘴里说"告太平"。朱元璋起兵攻下周颠所在的南昌以后，周颠去拜见朱元璋。朱元璋乘船回金陵，他也跟着去了。他总是神出鬼没，经常突然出现在朱元璋身边，还总是叨念三个字："告太平。"朱元璋被他弄烦了，叫人把他装在大缸里，下面用木材点着了烧。烧了很久，估计他

浮生进退皆自然

已经烧熟了，却发现他仅仅头上冒了点热汗而已。朱元璋感觉他非凡人，让人带他去寺庙居住。结果来人禀报，周颠因为跟和尚抢饭吃，一气之下绝食半月。朱元璋去看他，发现他还是精力充沛。于是赐给他上好的酒席，待他吃饱后把他关在空屋子中，不给他饭，一个月后去看，发现他还跟从前一样。

周颠替朱元璋占卜，认为可以攻打陈友谅部队。朱元璋于是带着他一起出兵，一路上周颠仍旧疯言疯语。数次之后，暴戾的朱元璋一气之下让人把周颠扔到了江里。结果后来他又突然出现，并且索要吃食。吃完之后，周颠起身整理随身物品，告辞离开了。陈友谅被剿灭后，朱元璋派人到庐山去找周颠，始终没有找到，大家都怀疑周颠已经成仙了。

后世有人叫周颠"周颠仙"，现在看来他并不癫狂，只是装疯卖傻而已。他始终周旋在朱元璋身边，是朱元璋建功不可缺少的一员。

宋明两代皇帝与道教的不解之缘，虽然其中一些偏失，造成道教历史上的污点，但在当时，这样的帝王缘也的确促成了道教的进一步发展。

道家讲坛

封禅 (shàn)

中国古代帝王为祭拜天地而举行的活动。封为"祭天"，禅为"祭地"。认为在泰山顶上筑圆坛以报天之功，在泰山脚下的小丘之上筑方坛以报地之功，即《史记·封禅书》中的"登封报天，降禅除地"。秦始皇、汉武帝等都曾举行过封禅大典。

明朝中期开始，道教衰微的势头就显露了出来。清代皇帝入关以前就信奉藏传佛教，所以整个朝野重佛抑道。道教自此开始走上了停滞和衰微的道路。

清初顺治、康熙、雍正三朝为笼络汉人，对道教还略有重视和利用。其中，雍正皇帝笃信禅宗，对道教方术也很感兴趣。他认为"道教炼气凝神，与儒家存心养气之旨不悖"。但到了乾隆年间，乾隆帝宣布黄教为国教，而把道教视为汉人的宗教，并且限制天师职权，取消其道教之首的地位，由二品降至五品。而道光皇帝又取消了传统的张天师朝觐礼仪，道教也丢失了与朝廷的联系。并且乾隆时代极力推崇儒家理学，佛、道二教的地位都大为贬降。

南怀瑾先生认为，道教在清朝的衰微之势，也与统治者借鉴白莲教祸事经验有关。白莲教由茅子元创立于南宋。元朝时白莲教进入短暂的全盛时期，后来朱元璋在《明律》中明确取缔"左道邪术"，白莲教从此势落。乾隆年间，山东教徒王伦起事反清，白莲教震惊朝野。清帝于是把白莲教以及类似门派组织都在严禁之列，道教也就受到了很大冲击。

失去了官方支持的道教，在民众中却没有销声匿迹，这种信仰早已经根深蒂固了。从明代开始就陆续出现众多民间宗教，它们大都号称"三教归一"或者"万法归一"，但是在修炼和斋戒仪规方面又吸取了很多道教的东西。不过，这些民间宗教不能等同于道教，与正规道教也有很大的区别。只是它们又大多吸收道教成分，所以也可视为道教在民间再兴。

浮生进退皆自然

但是，南怀瑾先生特别指出，民间的道教思想，往往与巫蛊邪术不分。这样的境况导致后世一提及道教，便与画符念咒、妖言惑众等交相混杂。由此积重难返，日久愈形鄙陋。这也是学道应该看清的。

而从清末开始，道教"一蹶至今"。南怀瑾先生说，19世纪之后，代表道教的胜地观宇，如北京的白云观、成都的青羊宫、甘肃的崆峒山、陕西的华山、山东的崂山、四川的青城山、广东的罗浮山、江西的龙虎山、湖北的武当山、福建的武夷山、浙江的天台山等处，还保有道教观宇与若干道士。由此"得以保存部分道教的形式，但已奄奄一息，自顾不暇，更无余力做到承先启后，开展弘宗传教的事业了"。

163

现代道教团体

新中国成立前，道教界曾成立了不少教团组织。如陈毓坤主持成立了以全真派为主的「中央道教会」，张元旭在上海成立了以正一派为主的「中华民国道教总会」等。总体来说，新中国成立前的道教界还没有一个全国性的统一组织。

新中国成立后，中国道教协会在北京白云观正式成立，岳崇岱为第一任会长。在陈会长的领导下，中国道教协会设立了研究室，创办出版了《道协会刊》，开设了道教知识进修班。

第二届道教全国代表会选举陈撄宁为会长。

「文革」中，道教同全国各行各业一样受到极「左」路线的严重冲击，宫观被封闭，道教活动被停止，中国道教协会也被迫停止了工作。党的十一届三中全会以后，宗教信仰自由政策得到重新落实，中国道教协会也恢复了工作。

第十二章

仰道人仙风，慕宝典遗旨

魏伯阳——万古丹经王

魏伯阳是东汉著名炼丹家，正史之中难以觅到他的踪迹。但葛洪的《神仙传》记载他"出身高贵，而性好道术，不肯仕宦，闲居养性，时人莫知其所从来"。南怀瑾先生对他评价颇高，认为"其所著书，诚为中国科学与哲学的不朽巨著，也为后来道教奠定中心思想的基石"。这本"不朽巨著"就是《周易参同契》。魏伯阳并未署名，但后人大多认为作者已将姓名和身份隐于书内。

东汉时有谶纬之风，文人的不少文字就采用了谶纬这种谜语式的隐喻手法。《参同契》中有："委时去害，依托丘山，循游寥廓，与鬼为邻。化形而仙，沦寂无声，百世以下，遨游人间。陈敷羽融，东西南倾，渴遭厄际，水旱隔并。柯叶萎黄，失其华荣，吉人相乘负，安稳可长生。"

细细看来，"委时"四句中，"委"与"鬼"相合为"魏"。"化形"四句中，"仙"留"亻"旁，与"百"合为"佰"（佰、伯相通）。"陈敷"四句中，"陈"的左边"阝"，加上"汤"的右边"昜"为"阳"。"柯叶"四句中，前两句留"艹"，后两句"吉人"相加为"者"字，合为"著"字。合起来就是"魏伯阳著"。

隐喻手法抒发了魏伯阳出世的心态，他认为抛却名利，专心致志地养炼，才能长生久视。魏伯阳虽出身贵族，少时也曾接受儒学教育，但他始终不愿做官，而是酷爱道术，青年时期就四处云游，寻仙问道。葛洪的《神仙传》中还记载了这样的传说：

魏伯阳经过多年养炼，功成圆满。他在炼制神丹的时候，带了三个弟子。大丹炼成后，魏伯阳觉得有两个弟子用心不诚，就心生一计来考验他们。他说，虽然大丹已经炼成，但是需要先用动物试一试，于是拿出一粒丹药喂了白狗，白狗立即倒地而死。魏伯阳说："我弃家入山，若不得仙道，也不好意思回去。死生于我都一样。"于是也服食了丹药，倒地而死。弟子们面面相觑，其中一位弟子深信师傅，于是也服一粒倒地。另两位弟子思前想后，还是没有服用丹药，卷起包裹下山去了。

其实魏伯阳拿出的不是大丹，是毒丹，会让人暂时死去。而当另两个弟子走后，魏伯阳方才起身，重新拿出真正的丹药，给弟子和白狗服下，于是一同成仙而去。

魏伯阳所撰的《周易参同契》是世界炼丹史上最早的一部理论著作，历代炼丹家对此书都很重视，被称为"万古丹经王"。"周易参同契"一名，取

165

上古经典《周易》之名，"参"是古文"三"字，"同"是相通的意思，"契"是"书"的意思，所以"参同契"是三道由一的经典。三道即大易、黄老与炉火。所以此书是一部用《周易》理论、道家哲学与炼丹术三者参合而成的丹修仙著作。南怀瑾先生认为，《参同契》"使丹道修炼方法，成为有体系、有科学基础的哲学理论。于是神仙丹道之学，由此大行，《参同契》一书，也成为千古丹经鼻祖"。后世道教与神仙家，也尊崇魏伯阳为"火龙真人"。

《参同契》主要讲炼丹修仙的秘诀，比较难懂，后世对它的解读众说纷纭，有说是讲内丹的，也有人认为讲的是外丹，还有一种说法是它内、外丹都在讲，总之是仁者见仁，智者见智。不过，他教人修炼的入手处是"安静虚无"，很合道教思想。

葛洪——抱朴子炼丹砂

魏晋时期，曹操控制北方，对道士"收而禁之"，而孙权及其子孙却很崇尚道教，不但收大批方士为他所用，还建立了多个道观。一时之间，江东神仙思想一场盛行，神仙道教迅速地发展了起来。这个背景之下，葛洪横空出世。

南怀瑾先生称葛洪"著作等身，留为后世丹经著述，及修炼丹道的规范，成为晋代列仙中的杰出奇才"。由这样的夸赞之词可知葛洪在道教发展中的重要地位。

葛洪，自号"抱朴子"，他出身江南士族，年幼时颇受父亲娇宠。十三岁时父亲去世，葛洪家道中落，从此"饥寒困瘁，躬执耕穑"。后来他跟从郑隐学炼丹秘术，颇受器重。这个郑隐是葛洪祖父的徒弟，这样的一层"裙带关系"让郑隐对葛洪格外

浮生进退皆自然

外丹

道教修炼方术。初见于西汉，唐代外丹术臻于极盛，自唐以后渐趋衰微。南宋全真道南北宗皆主内丹，外丹更衰。

外丹用炉鼎烧炼铅、汞等矿石，或掺入草药以制「长生不死」丹药。因谓服食丹药可以成仙，又称仙丹术；又谓炼成的丹药可成黄金，又称为金丹术。烧炼外丹的原料，据有关丹书记载，仅矿石药物即达六七十种，主要的除丹砂外，有雄黄、雌黄、硫黄、空青、硝石、云母、戎盐，合称八石。

内丹

道教修炼方术。始见于隋代。但当时外丹盛行，直到全真道南北二宗皆斥外丹，内丹术才作为全真道主要修炼术行世。

内丹家将人体的某些部位比作炉鼎，以精、气、神为对象，掌握其运行方法，经过一定的炼养步骤，使精、气、神在体内凝聚成丹而致长生。所谓精、气、神，乃指人体先天禀赋的元精、元气和元神。精是基础，气是动力，神是主宰。内丹的基本程序分为四个阶段：第一阶段是筑基，筑基是对人身体机能进行修复、补益，达到精足、气满、神旺的三全境界；第二阶段是炼精化气，以意领气运行体内；第三阶段是炼气化神，用入定之功，使人的「元神」发育成长，就像母体怀胎儿一样，可以返老还童，延年益寿；第四阶段是炼神还虚的最高境界，可得长生。

关照，五十多个弟子中，只传授给葛洪"金丹仙经"、《三皇内文》、《枕中五行记》等金丹仙术及口诀。

当时的葛洪年纪尚浅，俗情未脱，所得不多。而后遇上了"八王之乱"，葛洪就四处漂泊，最后留在广州，隐居在罗浮山。此后曾有一段时间在朝中任官，但最后还是隐居罗浮山，潜心修道炼丹，终了一生。据说他最后尸解成仙。

葛洪在罗浮山隐居岁月中，写出了多部著作，如《抱朴子》、《神仙传》等。其中《抱朴子》成为道教最负盛名的宝典。《抱朴子》分为《内篇》和《外篇》两部。《内篇》全面总结晋以前的神仙理论和神仙方术，包括守一、行气、导引和房中术等，还有鬼怪变化、养生延年的仙道学说；《外篇》中则专论人间得失、世事臧否的经国治世之方。

葛洪认为炼制和服食金丹可得长生成仙，他长期从事炼丹实验，积累了丰富的经验，认识了物质的某些特征及其化学反应。以现在的观点看，葛洪也可以算得上是我国早期的化学家了。他在《抱朴子·内篇》中，系统地总结了晋以前的炼丹成就，记载了大量的古代丹经和丹法，勾画了中国古代炼丹的历史梗概，也为我们提供了原始实验化学的珍贵资料，对隋唐炼丹术的发展具有重大影响，成为炼丹史上一位承前启后的著名炼丹家。

关于修道成仙，《抱朴子》中的神仙方术大致可分为"内修形神，使延命愈疾"和"外攘邪恶，使祸害不干"两大方面。内修就主要是服食丹砂和包精行气。行气的方法如"胎息"。因为婴儿在胞胎之中不用口鼻呼吸，所以勤加练习，行气模仿婴儿的呼吸方法。而"外攘"的道术讲究"精神守一"。这个观点来自老子《道德经》中"守雌抱一"和庄子《南华经》中所讲的"守

浮生进退皆自然

"一"。此外还有一些符箓、占卜之术。

葛洪上引老、庄哲学，下连魏晋玄学，后世多把他看作一般文人学士由道家转向道教的桥梁，通过他的理论构造，道教基本上完成了从消灾祛病"致太平"到炼丹服药"求成仙"的转化。葛洪的思想中有儒道调和的倾向，他认为学道修仙可以不废俗务，这样的认识也更能被统治者所接受，从而为道教在官方获得支持提供了条件。

道家讲坛

尸解成仙

道教认为道士得道后可遗弃肉体而仙去，或不留遗体，只假托一物（如衣、杖、剑）遗世而升天。《抱朴子》中认为天地间仙人有天仙、地仙和尸解仙。尸解仙是死后蜕化而成仙，地仙是隐游于名山大川的得道高人，而天仙则是飞升遨游于天地间的超凡所在。天仙的层次在前二者之上。

陶弘景——宰相幽居在深山

说起陶弘景，身份颇多。他是南朝齐、梁之间道教学者和炼丹家，医药学上也著作颇多，同时又是南朝政坛上负有时代重任的人物。南怀瑾先生说他"有道家老、庄的风格，参合神仙方士的道术，介乎入世出世之间，隐现风尘，游戏三昧"。

为什么后人都称陶弘景为"山中宰相"呢？这就要从他的生平说起了。陶弘景自幼聪明异常，他十岁读葛洪《神仙传》，便萌发了修道养生之意。后来出仕为官，却只做到六品。中年时，他把朝服挂在神虎门，就隐居修道去了。

陶弘景隐居在茅山，归隐之后也未忘政治。齐末年，萧衍要夺取齐（史称南齐）的政权。陶弘景以"水丑木"为"梁"字，派弟子告诉萧衍要用"梁"这个国号方能成事。萧衍对他推崇备至，二人的关系亦师亦友。

梁朝建立后，梁武帝萧衍虽然崇佛，但对陶弘景宠信有加。每当国家有吉凶、征讨的大事，武帝就会派人到山中询问陶弘景，还将太子萧统送到山中，拜陶弘景为师。所以世人多称陶弘景为"山中宰相"，因为他虽然为武帝出谋划策，却始终不肯出山为官。

梁武帝有一次亲提御毫，疾书一份御诏问陶弘景："山中何所有，卿何恋而不返？"陶弘景则提笔写诗一首《答诏问》："山中何所有，岭上多白云。只可自怡悦，不堪持寄君。"这样一问一答数次后，陶弘景请使臣带给梁武帝一幅画。武帝展开观看，只见画面上两只水牛，一牛自由自在地在青山绿水之间啃食漫步，一牛戴着金轭头，被一人执绳以鞭驱赶而向前。武帝深知此画的隐喻，就如庄子曾说愿为泥中乌龟一样，不愿被世俗名利、地位缠身而不得解脱。武帝赞叹之余，便不再相扰，不过仍然时常派遣使臣前往茅山向陶弘景咨询问策。"山中宰相"由此得名。

陶弘景隐居在茅山，来此山中修道的人很多，陶弘景在此处开设道馆，招收徒弟，弘扬上清经法，使茅山成为道教中一个大的支派上清派的传道基地，并形成了茅山宗。该宗特点是以上清经箓为主，兼收并蓄各派道法及儒释思想。

陶弘景搜集整理上清经法撰写了《真诰》等宣扬上清道法，著《登真隐诀》总结东晋以来诸真人传诀及各家修养生秘诀，也有一些法术、咒语。陶弘景还作了一些讲述炼丹的书，但现在已经失传。前面说到陶弘景在医药学方面的贡献，他著的《本

草经集注》系统整理了药物学经典《神农本草经》，此书对隋唐及以后的药物学都有重要影响。

陶弘景对道教的贡献还表现在他首先为神仙排了"座次"，网罗所有神仙，分成七个阶层。在此之前，天师道、太平道等除自创一批神灵外，还收进了古已有之的一些神灵，其后的上清派和灵宝派又各自造出了一大批神灵。这就造成了道教各派神灵庞杂不一、互不统属、缺乏统一的神谱系统。陶弘景的《真灵位业图》则是首次将道教中紊乱的神鬼系统进行了人为的整理、编排。该书不仅罗列了许多虚幻的神灵，而且把中国历代许多著名的帝王将相和思想家也一起作为神灵排列进去。这样的做法饱受非议，有人甚至怀疑饱学之士陶弘景不会有此荒唐之作，认为是后世伪书。不过这个谱系的确使得神仙信仰初步系统化了。

南怀瑾先生认为，陶弘景的道家思想已经渗入佛家思想的成分，趋向融会道、佛两家思想与方法，在调和道、佛中，陶弘景也是先驱。

道家讲坛

上清派

上清派起源于东晋年间，杨羲、许谧、许逊假托天师道魏华传授《上清真经》，制作了《上清大洞真经》。江东道士慕上清经法丰博，争相传抄，故在江东地区形成传授修习上清经法的上清派。上清派以女道士魏华存，即南岳魏夫人为第一代宗师，杨羲为第二代宗师。陶弘景隐居深山，搜集大量的杨羲、许谧手稿真迹以及其他教派的要法，编撰《真诰》，纂集《登真隐诀》，编订《真灵位业图》等，使上清派的教义、教理和神仙谱系更为完备。陶弘景成为茅山上清派的主要传承者，他开创茅山宗，上清派遂为茅山宗所承袭。

纯阳真人——匹夫而为百世师

　　说起吕纯阳，若非对道教熟稔，这个名字听起来就有些陌生了。不过若说到吕洞宾，这个名字在中国倒可以算得上是妇孺皆知。吕洞宾位列"八仙"之一，民间关于他的传说数不胜数。实际上，吕纯阳就是吕洞宾，是晚唐以后最著名的道人，后世又称他为纯阳真人。

　　吕洞宾，原名吕岩，字洞宾。他出生于世代官宦之家，祖辈都做过隋唐官吏。吕洞宾自幼熟读经史，有人说他中过进士，在地方任小官吏。关于他的记载，正史上极少，但散见于很多道教著作中，民间关于他的传说和故事就极多了。如此看来，他在"八仙"中当属"人气"最高的一位。

　　传说吕洞宾出生时，屋里异香扑鼻，空中仙乐阵阵，一只白鹤自天而下，飞入他母亲的帐中就消失不见了。这样的传说只怕多是后人杜撰，这种以出生时的吉祥异象来彰显人物不凡品质的传统，中国古来就有。

　　吕洞宾自小聪明过人，日记万言，而且出口成章。成人后，书上说他"身长八尺二寸，喜顶华阳巾，衣黄襕衫，系一皂绦，状类张子房，二十不娶"。吕洞宾游庐山时，遇火龙真人，传授给他天遁剑法。之后游长安，他在酒馆里遇见个青衣白袍的居士，吕洞宾见他状貌奇古、诗意飘逸，便拜问名姓。对方告诉他："我是钟离权。居于终南山鹤岭，你想跟我一起去吗？"当时吕洞宾仍有凡尘俗心，就没有答应。

　　到了晚上，钟离权和吕洞宾一同留宿在酒肆中。吕洞宾睡梦

浮生进退皆自然

中看到自己状元及第，而后在官场平步青云，又有子孙满堂，享尽人间欢乐。突然一夕之间获重罪，家产被没收，妻离子散，到老后孑然一身，穷苦潦倒，独自站在风雪中发抖。他刚要感叹，突然间梦醒了。一旁的钟离权题诗一首："黄粱犹未熟，一梦到华胥。"吕洞宾感到很惊奇，对方仿佛知道他做梦了。钟离权说："你的梦，荣辱千端，五十岁如一刹那呀！得到的不值得欢喜，失去的也不值得悲伤，人生就像一场梦。"吕洞宾如醍醐灌顶，幡然醒悟，于是下决心和钟离权学道。

钟离权此后传授吕洞宾金丹大道，后来他得道飞升时告诉吕洞宾说："我马上要升天去了，你好生在世间修行，等到功德圆满，也会如我一样。"洞宾回答说："我的志向与老师有些不同，必须度尽众生，才肯上升天庭。"所以吕洞宾虽然后来成了高仙，仍然在尘世救济众生。

除此之外，民间还流传有吕洞宾三醉岳阳楼度铁拐李岳、飞剑斩黄龙的故事。元代封吕洞宾为"纯阳演正警化孚佑帝君"，所以后世又称他为"吕纯阳"。

吕洞宾修习方术，得道成仙，这是道教修道、出世、脱俗的思想；但他成仙之后又要"度尽天下众生"，这又体现了儒家"兼济天下"的入世思想；而长生于人世、乐于施舍的作为，又是大乘佛教思想的反映，从中可看到民间信仰中三教文化融合的印迹。

南怀瑾先生说，纯阳真人崛起于道教之间，卓然特立，历宋、元、明、清千余年而至现代，几如太上老君的副亚。他的声望之隆，可谓唐代新兴道教的革命神仙，就连张道陵、寇谦之、葛洪、陶弘景等先知也比不上。柳宗元曾说韩愈"匹夫而为百世师，一言足为天下法"，而在南怀瑾先生看来，这个评价用在吕纯阳身上，一样当之无愧。

道教八仙

传说中道教有八位神仙。明代以前，八仙之名众说不一。汉、唐、宋、元都有八仙说，但所列神仙各不相同。到了明吴元泰《八仙出处东游记》始定为：铁拐李、汉钟离（钟离权）、张果老、蓝采和、何仙姑（何晓云）、吕洞宾、韩湘子、曹国舅（曹景休）。

希夷先生——抟扶摇而上者九万里

浮生进退皆自然

南怀瑾先生指出，宋代开国之初，暗中其实受到了道教很深的影响，而其中有一个人的地位举足轻重，这个人就是后世所称的"希夷先生"——陈抟。

陈抟是五代宋初著名的道人，字图南，自号"扶摇子"。他的名字、称号皆来自《庄子》首篇《逍遥游》。其中有一句"抟扶摇而上者九万里"，陈抟之名以及他自号的"扶摇子"就来源于此。由此可见，庄子对陈抟的影响之大。南怀瑾先生也说，陈抟的学术路线是上承秦、汉以前儒、道本不分家的道学，这与唐末丹道学派是有很大差异的。陈抟继承汉代以来的象数学传统，并把黄老清净无为思想、道教修炼方术和儒家修养、佛教禅观会归一流，对宋代理学有较大影响。

关于陈抟的身世，历来众说纷纭。道教弟子历来传言陈抟乃"紫球"中出世。据说唐朝末年，一个陈姓渔夫在捕鱼时，捞到一个紫色的球形物。老汉不知是何物，打算带回家去煮熟了吃。他正准备柴火时，突然间电闪雷鸣，风雨大作起来。紫色的球也动起来，不一会儿，就裂开一条缝，蹦出一个男婴来。陈老汉十分惊喜，认为这是上天给他送个儿子，就此抚养他长大。这个故事看来杜撰成分颇多，后世之人感怀陈抟功绩而将其神化，所以其出生也被渲染得如此奇特了。

据说陈抟四五岁时，就能在涡河里游来游去，任意逍遥，这时有个穿青衣的妇女，来给他喂了喂奶，此后就变得尤其聪明。到十五岁时，已通晓儒家学说，道教玄理，能诗善文，小有名气。而后也走上了读书取仕之路，可惜未能取进士。之后他绝意于仕途，开始娱情山水。陈抟在武当山隐居时，曾后入蜀，跟从邛州天师观的何昌一练辟谷、学睡功。据说他睡功了得，可以"一睡三年"。曾有士大夫们不远千里慕名而来，陈抟却侧身而卧，不予理会。众人见他鼾声如雷，纷纷叹息而去。更有传说他在野地长睡被一个樵夫遇到，樵夫见到他身上落满灰尘，还以为是尸骸，就想把他掩埋起来，结果他伸伸懒腰说："奈何扰我清梦。"

大约后周年间，陈抟移居华山云台观。宋朝《国史》说陈抟在此期间，与隐士谭峭为师友，又与吕洞宾交往甚密。后人说陈抟拜吕洞宾为师，所以他既隐逸又关注尘世的风格与吕洞宾如出一辙。有一次他游华山时，听到路人议论赵匡胤黄袍加身。陈抟于是告诉路人："天下将大定也。"后来，宋太宗招天下隐士，陈抟曾经到京师为太宗献策，太宗很高兴，赐给他"希夷先生"的名号。

陈抟一生修道，编写了以导养、还丹为主要内容的《指玄篇》八十一章，并致力于导养之道，创作出《无极图》等一系列图式，以"顺以生人"、"逆以还丹"的理论体系来探究生命的起源，寻找延年益寿之方，因此被后世道教徒尊奉为"陈抟老祖"。

《宋史·陈抟传》中还记载陈抟"好读《易》"，曾作过《先天图》，辗转传给宋代象术大家邵雍；陈抟所作的《无极图》则历经几代传给了周敦颐，周开启了宋明理学。由此可见，陈抟对宋代理学和象术学都有影响。

道家讲坛

三山符箓

唐末宋初，道教中的天师道和上清、灵宝派分别以龙虎山、茅山、阁皂山为活动中心，形成著名的"三山符箓"，即茅山的上清箓，阁皂山的灵宝箓宗坛，龙虎山的正一箓，称为符箓三宗。以后出现的天心派、神霄派、清微派、东华派均为符箓三宗分衍的支派。宋哲宗时，朝廷下令封以龙虎山、茅山、阁皂山为本山的正一、上清、灵宝三大派为"经箓三山"。当时的三山鼎立，领导了整个江南地区的道教。

紫阳真人——芒鞋竹杖任悠然

北宋时期，外丹黄白术逐渐衰微，而内丹学逐渐兴起。南怀瑾先生认为这一时期正统道家丹道的中心人物，就是后世所称南宗丹道祖师的张紫阳，并且认为紫阳所著的《悟真篇》，与东汉魏伯阳所著的《参同契》，一并是正统道家千古丹经的名著。

张紫阳原名伯端，字平叔。他年轻时就很聪明好学，他在《悟真篇》的自序中说道："仆幼亲善道，涉猎三教经书，以至刑法、书算、医卜、战阵、天文、地理、吉凶生死之术，靡不留心详究。唯金丹一法，阅尽群经及诸家歌诗论契，皆云：'日魂月魄，庚虎甲龙，水银朱砂，白金黑锡，坎男离女，能成金液还丹，终不言真铅真汞是何物色。'"由此可见，他自小就与道家结缘。

张紫阳曾为府吏数十年，据说他很喜欢吃鱼，一次家里派女婢给他送饭到府衙，一个同僚开玩笑，趁他不备将鱼藏到房梁上。紫阳没吃到鱼，颇为恼怒，怀疑是送饭的女婢偷偷吃了，回家后就责罚了她。结果女婢性情很刚烈，自杀身死，紫阳很是自责。几日后，他忽然发现房梁上有虫子掉落，查检之下发现是已经长虫的烂鱼。紫阳很震惊，喟然长叹说："不知道箱子里面积攒的文书，记载的像这样的事情还有多少。"他突然顿悟，感叹官场是非难断，遂作诗一首："刀笔随身四十年，是非非是万千千。一家温暖百家怨，半世功名半世愆。紫授金章今已矣，芒鞋竹杖任悠然。有人问我蓬莱路，云在青山月在天。"

紫阳出于对所掌冤屈案件的同情，纵火烧毁案上文书。后来他被以"火烧文书"罪发配岭南，后来转赴成都。其间他自称遇到真人，真人传授给他金丹药物火候之诀。他以此为基，写下了《悟真篇》。

张紫阳修道力主修内丹。所谓内丹，前面已有介绍，指的是人体内之精、气、神。张紫阳认为"人人本有长生药"，"何须寻草学烧茅"。《悟真篇》以《阴符经》、《道德经》为两大理论依据，"略仿《参同契》"。全书宗承传统内丹学说，说明内丹炼养的根本原理就是归根返本，逆炼归元，并描绘内丹修

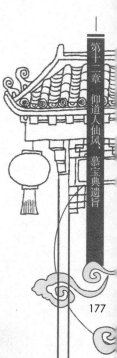

炼的全过程及阐发丹经要点、修炼内丹的方法。《四库全书总目提要》中说它"与魏伯阳《参同契》，道家并推为正宗"。

从《悟真篇》看，张紫阳的内丹学说主张以内丹为修仙途径，而以"性命双修"为其内炼大旨，认为以人体为鼎炉，以精气为药物，以神为火候，通过内炼，使精气凝聚不散，结成金丹。同时，他继承陈抟内丹修炼的系统方法，将炼养分成四个阶段进行，即筑基、炼精化气、炼气化神、炼神还虚。不过和陈抟在炼内丹的程序上又有所不同，陈抟主张先性后命，也就是从心性上入手，先炼心然后再补精气。而紫阳则主张先补气。

紫阳无意建立教团，虽然道教南宗认为他是祖师，但实际上直至五祖白玉蟾，南宗才有自己的教团组织。而紫阳则一生坚守着自己"云在青山月在天"的志向，踏芒鞋，持竹杖，一世悠然。

道家讲坛

浮生进退皆自然

南宗

道教内丹学的重要派别。创始于北宋张紫阳，流传于南方广大地区。该派以"先命后性"修炼方式著称。其代表人物多出自南方，故名南宗。又称紫阳派、天台宗。

张紫阳在四川成都遇真人刘海蟾授真诀，作《悟真篇》，后来传给石泰，又依次传给薛道光、陈楠、白玉蟾。这五人后被誉为「南宗五祖」。不过张紫阳等人都不曾为道士，而是从白玉蟾开始才为道士传法，后世一般也认为南宗正式形成应该始于白玉蟾。白氏一系所传丹法乃是《悟真篇》中清修思想的发挥，此一宗史称南宗「清修派」。

著述最丰，弘扬法门最力，而且白玉蟾

王重阳——携七子以立全真

南宋金、元时期，北方兴起三大道派，即全真道、真大道和太一道。其中全真道的兴起略晚于其他两教，但流传至今的只有它。金庸先生曾经在小说中描写过全真教，包括祖师王重阳以及全真七子，大略是按照全真教的历史来记述的，不过毕竟是小说，其中多了一些文人的奇思想象。

全真派的开山祖师王重阳，字允卿。他出生于咸阳名门望族。幼年起开始读书习武，二十六岁武举及第。之后就改名世雄，字德威。这个改名也暗示了当时的王重阳一心仕途，想要建功立业，成就一世雄威。不过当时的金廷是不会让汉人任要职的，王重阳只当上了一个征收酒税的小吏，雄威不能显于世，让王重阳辞官归隐了。

王重阳辞官后，以酒自娱，经常蓬头垢面地出现在世人眼前，乡人就叫他"王害风"，也就是"疯子"的意思。后来据说他在某个酒馆里偶遇神仙，仙人传给他修炼的口诀，他于是有了道号"重阳子"。此后，王重阳洗心革面，在终南山挖了一个四米深的墓穴，在墓中修道。他还在墓前立了一块石碑，上面写着"王害风之灵位"。后人也叫他修道的墓穴"活死人墓"。

王害风已死，只留下"从人尚道骋风流"的王重阳。后来他到山东一带宣讲教法，在这里先后收马钰、孙不二、谭处端、刘处玄、丘处机、郝大通、王处一为弟子，建立了全真教团。这七个人就是后世所称的"全真七子"。

南怀瑾先生说，道教发展至北宋末年，一些流派徇末遗本，出现一些流弊，引起社会一些不好的舆论。王重阳创立的全真道以新的宗旨、修持方法对旧道教进行了大量的改革，全真道不崇尚符箓，不事黄白炼丹之术，而是进一步把老庄清静无为的思想贯彻到教义中。王重阳尊崇《道德经》，主张无心忘言，柔弱清静；正心诚意，少思寡欲；注重修行，分为真功和真行。真功即内修，要求除情去欲，忍耻含垢，苦己利人为宗。这种内修主要是修养精神，即修性。真行即外修，主张济世度人。

全真道的宗旨从全真七子的修为上也可看出。王重阳仙逝后，全真七子以苦行修道吸引众多徒众。马钰传道，每日只讨食一碗面，四季赤脚走路；刘处玄终日静坐；王处一幽居洞中九年；丘处机传道，随身只有一件蓑衣，所以又被称为"蓑衣先生"。

到丘处机做教主时，宋、金、元在混战，民不聊生。元太祖成吉思汗诏见丘处机，丘处机在高足尹志平的建议下，毅然赴约。他当时已有七十三岁高龄，带着十八弟子长途跋涉到西域雪山，来到成吉思汗的行宫。成吉思汗问他："世间有长生之药吗？"丘处机答："有卫生之道，无长生之药。"他以"敬天爱民之本"、"清心寡欲为要"来劝喻成吉思汗。太祖深深折服，并予虎符及玺书赠之。

全真教此后得到元朝统治者的保护，在北方迅速发展。南北天师道为了能与全真道抗衡，与当时其他道派如上清派、灵宝派等逐渐合流，归并为正一道。而自此之后，道教就分为正一、全真两大派流传。

北宗

道教内丹学的重要流派。创于南宋时期，该派尊东华少阳、钟离正阳、吕岩纯阳、刘海蟾、王重阳为"五祖"。实际创始人是王重阳。

相对于南宗"先命后性"的功法，北宗丹法以"先性后命"为特征。南北二宗在运用修炼手段促进神气凝结而成仙胎这一关键问题上是一致的。北宗和南宗在元代经陈致虚的大力会通实现了合流，从此成为全真教内部的两宗。

张三丰——行云流水不自收

明清两代，道教开始走向衰微。但在此期间，道教真人张三丰在武当山创立了一个新的道派——三丰派，可以算得上是道教衰微历程中一个耀眼的波澜。

张三丰名全一，又名君宝，号玄子，以其不修边幅，又号"邋遢仙"。史书记载张三丰龟形鹤背，大耳圆目，须髯如戟，寒来暑往仅一纳衣，雨雪天气蓑衣着身。张三丰自称张天师的后裔，同时师承华山"睡仙"陈抟。他曾经作诗道："天将睡法传图南，图南一派俦能继，邋遢道人张半仙。"后来，崇奉张三丰的清代道士李西月因此而将三丰派归为以陈抟为代表的隐仙派，这样的谱系是否属实，后世难以断定。不过张三丰确实继承了陈抟以来道教三教同一的学说和内丹炼养思想。

唐朝佛道之争后，儒、释、道三教合流已是一股强大的潮流。张三丰承认教派有正邪之别，但否认三教说，认为所谓三教不过是创始人不同而已。他认为儒、佛、道都是"修身利人"，所以"儒离此道不成儒，佛离此道不成佛，仙离此道不成仙"。儒家修养人道，仙家修炼仙道。而张三丰把二者联系起来，以修人道为炼仙道的基础，强调无论贵贱贤愚、老衰少壮，只要素行阴德，仁慈悲悯，忠孝信诚，全于人道，离仙道也就自然不远了。

同时，他巧妙地把道家的内炼思想同儒家的道德学说牵合在一起，说："人能修正身心，则真精真神聚其中，大才大德出其中。"他的这些思想都可见于他所著的《大道论》、《玄机直讲》、《玄要篇》，经过后代整理，辑录成《张三丰先生全集》，流传至今。

关于张三丰的故事，民间流传甚广，不过也多为后人附会。

但这些传说的确引人入胜，也吸引了明成祖朱棣。朱棣自命真武神转世，这个真武神就是道教尊奉的玄天真武大帝，传说他居住在武当山。而民间多传说张三丰也修道于此，且道法精微，得长生，已经活了两三百岁。

南怀瑾先生提及明成祖屡次下诏书访求张三丰，但是未得。后来，明成祖又派了三十万军民修缮武当山，大兴土木，将武当建成道教圣地。

明成祖在武当山大兴土木，有人说此举就是为了找到真人张三丰，求其长生不老之术；也有人说是为了寻找失踪的建文帝。不管他意思如何，建文帝早已下落不明，而三丰真人也始终没有露面，倒是留下了一首七绝诗《却聘吟》：

行云流水不自收，朝廷何必苦征求。从今更要藏名姓，山南山北任我游。

张三丰自比行云流水，的确是道家一脉相承的精神仪范。他一生不仕，四处云游，后居于武当深山，醉心修道。而武当拳法，传说也是由他创立。中国武术为南派北派、内家外家，素有"南尊武当，北重少林"之说。南怀瑾先生自年幼起，就开始修习拳法，还曾经到道教圣地四川鹄鸣山拜师。张三丰如何创立武当武术，历来说法不一。

一说是张三丰梦中由真武神君降临，传授他拳法。而武当山则流传着张三丰观"鸟蛇斗"悟内家拳的故事。据说张三丰在山上修炼的时候，偶然间看见鸟与蛇斗，每当鸟上下飞击长蛇时，蛇就蜿蜒闪避，不曾被击中。相持之下，鸟精疲力竭地飞走。由此张三丰得到启发，以柔可以克刚，以静可以制动，于是模仿长蛇的动作创造出了内家拳。还有一说是他的拳法脱胎于少林，

武当拳是对少林拳的改造，而后自成一派，名内家拳。

张三丰的内家拳同道家理论和道教修炼是紧密相连的。内家拳技，诸如太极拳、八卦拳、形意拳、五行拳、纯阳拳、混元拳、玄武棍等的命名和路数都是从道教经书中演绎引申而来的。内家拳讲求意、气、力的协调统一，以柔克刚，以静制动。这些特征无不与道家清静柔弱、淡泊无为的主张和道教的炼精化气、炼气化神、炼神还虚的修炼相吻合。后代对武当武功多有演绎，金庸先生的多部武侠小说中都有武当"张真人"的描写，足见后世对张三丰的推崇。

名号众多的张真人

张三丰，名通，又名全一，字君实，也有说叫「君宝」的，号玄玄子。他不修边幅，人们又称之「张邋遢」。

张真人名号众多，他的传记或有关他的材料里，还有全弌、三伴、三峰、三丰遯老、通、玄一、居宝、昆阳、保和容忍三丰子、喇闼、邋遢张仙人、蹋仙等诸多名号。读者若遇到这些，当知众名不同，而其人为一。

第十三章 观经问术，静心修道

道教之术，杂而多端

道教认为"道"须有"术"，有"道无术不行"的论调。通过行术，才能演道。而道术一词，源出《庄子·天下篇》，与"方术"、"方技"意思相近，也就是道教教徒修炼的一系列技法和规程的总称，道教中人也有称之为"仙术"的。

道教之术种类十分繁多，如占卜、符箓、祈禳、禁咒、内丹、外丹、炉火黄白、辟谷、房中、仙药、服气等。各种道术之间没有特别的逻辑联系，几乎都是独立自存的。古人说道术"杂而多端"，道教徒把行术看作演道，这中间也正体现了"道"变动不居的特点。

道术中的一些具体技法，如内丹、外丹等在前文中已有介绍，这里就挑选其他几种道术来简略说说。

道教有内修和外攘之术，内修首重气、神、精。道教认为保生必须养气，有服气术，也就是吸收天地间之生气。服气要看天气、时辰、季节的不同服食不同的气。而行气与服气稍有不同，主要在于行和炼，也就是着重于修炼自身之气。使我之气，适我之体，攻我之疾。《抱朴子·至理篇》曰："服药虽是长生之本，若能兼行气者，其益甚速。"还有一种修气的方法叫胎息，指像胎儿一样呼吸，不以口鼻嘘吸，而是服自身内气。

而与行气相配合的有一些按摩、导引的肢体运动。道教谈导引的经书中认为，导引可以调营卫，可以消谷水，可以祛风邪，可以长血气，可以却未生之众病，可以治已结之笃疾。认为人体必须如流水、户枢，如果经常运动，就不会生病。这些观念与我国中医理论是相符合的。古代流行的导引之术有太清导引养生法、彭祖导引法、王子乔导引法、华佗导引法等。道教修炼者多长寿，大多得益于这种方技。

道教还有辟谷之术，也就是断粮，不吃五谷。道教认为人体中有三虫，也有称三尸的：上虫居脑宫，中虫居明堂，下虫居腹胃。这三虫是欲望产生的根源，是毒害人体的邪魔。道教认为三虫是靠谷气而生，如果人不食五谷，断其谷气，三虫在人体中就不能生存了。如果体内没有毒害身体的邪魔，人就可以达到长生不死的境界。这种说法是古代人的一种臆想。道教推崇辟谷，但也有服食之术。服食也叫做服饵，说的是吃一些丹药和草药。

在早期的道教之中也有说到黄赤之道的，也俗称为房中术。宋元

时期，全真道兴起以后，大力反对此术，论及房中的书便濒于绝迹了。实际上，房中术的基本戒条讲究节制，还是有可取之处的。

道教行道术，需要有一定的程序、模式，虽然道派有不同，不过最主要的就是斋、醮和戒律。斋醮在前面已经略微提及，这里再赘述一番。所谓斋，就是身心口都保持清净，节食以保专心一致的意思。斋仪很繁多，要焚香、燃灯，都有不同的仪式。而醮就是祭祀、祈祷的活动，需要设坛。程式一般为设坛、上供、烧香、升坛、念法、鸣鼓、发炉、降神、迎驾、奏乐、献茶、散花、步虚、赞颂、宣词、复炉、唱礼、送神等，这其中的每一步都需要有各自特定的仪规。除此以外，道教还有一些清规戒律，比如三戒律、五戒、老君二十七戒等，这跟其他的宗教一样。

南怀瑾先生说后世把所有画符、念咒、卜卦的仪式，包括一些显而易见的迷信之举都算在道教，是有些偏颇的。但无论如何，道教在发展过程中还是不可避免地出现了这些流弊，需要后人小心区分。

《道德经》与《周易》的血缘关系

老子的《道德经》来源于《周易》，这是很多学者所认同的观点。

认为《易经》中阴阳二爻与《道德经》中二元观在思想上相通，都体现了矛盾独立的辩证性。而《易经》由天道推及人事，与道家「以究天人之际」态度也吻合。道家《道德经》发挥了《易经》中关于变易的思想、矛盾的思想、柔弱与刚强的转化等思想。所以，道学与上古文化间的血缘关系实在不浅。

老子五千文，教君何处结灵胎

南怀瑾先生曾经论述过中西方哲学的不同之处，西方哲学着重于思辨，而且不要求行思一致，重思辨上的逻辑性，而不重人世应用。与之相比，中国文化哲学，无论是讲超越形而上的虚无，还是讲形而下世间人事，到最后都会归于人生，达到修养身心性命的实用，或者扩大到齐家、治国、平天下的应用。比如道家始祖老子，就在《道德经》论及了讲究身心性命的修养道术，这套摄生养生的方术，可以算得上是最早的较为具体的学说了。

宋代修正统丹道的张紫阳，在《悟真篇》中说："不遇真师莫强猜，只为金丹无口诀，教君何处结灵胎。"可见道教养生法对于老子学说的重视。

老子养生摄生的方法归纳起来有这些，首先是主静论。老子说："致虚极，守静笃。万物并作，吾以观复。夫物芸芸，各复归其根。归根曰静，静曰复命。复命曰常，知常曰明。不知常，妄作凶。"老子认为生命是以静态为根基的，所以要修养恢复到生命原始的静态，才是合于常道。后世道教发展了老子的主静论，就提出了打坐或者静坐等方法。

道家是普遍倡导静的，不过也可分为两种情况，崇静斥动和主静不废动。老子的静论当分属于前者，认为静便要达到"虚极"的状态。南怀瑾先生曾经借用禅宗黄龙南禅师的话来解释这个"虚到极致"的状态。

最灵敏的猫捕鼠，会四只脚蹲在地上，头端正，尾巴直竖，用锐利的目光盯住猎物，聚精会神，一动也不动。这就好比参禅的人，精神集中，心无旁骛。而孵蛋的母鸡，闭着眼睛迷迷糊糊的，外面天塌下来，它也好像不知道似的，死守着它的蛋。这也好像一种修定的功夫，静到了极致，虚到了顶点。

然后是养神论。老子说："谷神不死，是谓玄牝。玄牝之门，是谓天地根。绵绵若存，用之不勤。"南怀瑾先生这样解释："先由养静入手，而到达虚灵不昧，至于精神合一，与天地同其绵密长存的境界，可以与天地同根往来，绵密恍惚而共其长久妙用。"对于谷神的理解，后世认为是山谷中显赫的神灵或是人身某一窍穴。但在南怀瑾先生看来，老子是用深山幽谷来形容虚灵寂静的神境。

而辅助静和神的就是老子的养气论。中国文化中关于气的论述很多。老子就认为，生命的出现源于气，由混沌之气分化为阴阳，阴阳和合就成就了人的魂魄，所以人要长久地保守精气。不过，老子的养气和后世的养气也有不同之处，老子讲究顺其自然，要避免刻意为之。后世的气功理论，有借鉴道家养气说的成分，但是气功养生并不构成道家养生的终极追求。

道家的摄生养生，老子提出婴儿的情况来做榜样，希望达到犹如婴儿尚未成孩的境界，后世道家将这个境界发挥为"返老还童"，想尽一切办法延长寿命。实际上，老子的养生观，出发点在自然而然，落脚点在"毕其数也"，也就是尽天年即可，没有刻意想要把自己的寿命延长，甚至达到长生不死的境地。这也是道家和后期道教关于养生的差别之处。

河上公重养生

河上公作了《老子河上公章句》，是对老子的解读之书。而河上公对老子思想的发展，就在他的养生论上。他解释「爱民治国」，说「治身者爱气则身全，治国者爱民则国安」。而解释「治大国若烹小鲜」，他则说「治国烦则下乱，治身烦则精散」。由此可见，他认为养生极其重要，已经将其提到与经世治国同等的地位。

坐忘与心斋

庄子是老子后学中的集大成者，而他也有众多关于修身养性的学说。《庄子·大宗师》中记载："仲尼蹴然曰：'何谓坐忘？'颜回曰：'堕肢体，黜聪明，离形去知，同于大通，此谓坐忘。'"这里提到的"坐忘"，就是庄子着力倡导的一种修养方法。

所谓坐忘，是指人有意识地忘记外界一切事物，甚至忘记自身形体的存在，达到与"大道"相合为一的得道境界，也指人在修炼中控制意志、排除杂念的内修方法。庄子把"坐忘"视为实现物我同一境界的根本途径。

坐忘突出一个"忘"字，能够做到忘物、忘己、忘天的人，也就是做到了"坐忘"。庄子认为"忘物"、"忘己"、"忘天"就是坐忘的三个环节。首先是"忘物"，因为物的诱惑引起人们欲望的膨胀，就会使人被物所伤，所以要在主观上忘却物的存在。而忘己则是忘物的一个延伸，因为己也是物。这就包括了

"离形"和"去知"，使人的精神保持独立和主导，不为身体所困，同时又要避免精神为是非争辩所困，达到一个"丧我"的状态。最后物我两忘，达到天人一体。

早期道教经典中没有宣传"坐忘"的记载，但是在太平道的《太平经》中，十分重视"守一"，居于闲静之处，平床坐卧，使感官和思想"无所属，无所睹"，"与一相保"，这样一种修道的方法同"坐忘"十分相似。到了南北朝时期，"坐忘"和"存思"代替了"守一"。上清派以存想、思神、服气为主要修炼方法，主张恬淡无欲，内观于心，存思诸神，乘云飞仙。宋元以后，道教的内丹修炼术逐渐发展，并完全代替了外丹术。内丹家们多以精、气、神的理论解释坐忘，使其与"坐忘"相联。直至元代，"坐忘"之法，仍为学道之人视为得道成真的要法。

与"坐忘"的修养方法相联系的还有"心斋"。《庄子·人世间》中就有"若一志，无听之以耳，而听之以心，无听之以心，而听之以气。听止于耳，心止于符。气也者，虚而待物者也。唯道集虚。虚者，心斋也"。

后世教徒这样来理解心斋这种修行方法："若一志"强调意念专一，排除杂念干扰。"无听之以耳，而听之以心，无听之以心，而听之以气"，这里所说的听，是指听呼吸之气。听息功夫做得时间长了，心和气已经打成一片，分不开了，不过尚未达成混沌境界。"听止于耳，心止于符"，这里就渐渐进入混沌的境界，神气合一，心的知觉已不起作用，所以说"心止于符"。这种神气合一的境界是无知觉的，外表上看来和睡着了一样，最后就进入虚的境界。这个虚是从不知不觉中自然产生的，不是用意识制造出来的。

心斋为道教斋法的最高层，从倾听自己的呼吸入手，专心致

浮生进退皆自然

志地将太虚之气与道相结合，以便进入虚无忘我的境界。其实简单地理解起来，就像祭祀之前的沐浴和斋戒一样，是要保持身心的洁净无尘，避免外物所累。

南怀瑾先生认为老、庄摄生养生思想，与春秋、战国时期北方"方士"学术思想的勃兴分不开，他们都受到"方士"养神、养气等学说的影响，尤其以庄子为更甚。但无论是老子还是庄子，他们摄生养生的种种理论和方法，主旨都在于达到人生的最高境界，是完成超世间、超物累的神人、真人、至人的标准，而不是后世道教所重的长生不死之术了。

殊途同归的养气论

庄子也有养神、养气的原则，他在《庄子·养生主》中说："缘督（督脉）以为经，可以保身，可以全生，可以养亲，可以尽年。"这与方士修炼精气而成内丹的观念一致。

他又在《庄子·逍遥游》中说："若夫乘天地之正，而御六气之辩，以游无穷者，彼且恶乎待哉！"而孟子也有养"浩然之气"的说法。

在南怀瑾先生看来，这些养气论有"南腔北调，殊途同归之妙"。

山不在高，有仙则名

道家和隐士的关系密不可分，这点在前文中已经有所论述。而隐士们对隐居之地的选择也多有讲究，多遁迹于风景秀丽、与世间仿佛隔离的幽深山林中。道家转型为道教后，以山林为居处的传统依旧保持了下来。南怀瑾先生在论及道教发展史的著作中，曾经提到"诸山道士时期"，说到东汉以后的道士，隐居在各地名山大泽，修炼仙道。山不在高，有仙则名，不同的道派也以不同的山为领地，传道受业，使此山渐成道教圣地。而今观之，中国有四大道教名山，不可不知。

武当山

湖北武当山是其中之一，它位于湖北省西部丹江口市境内，古有太和山、玄岳、太岳之称。武当山是鄂西主要山脉之一，背依神农架，奇峰嵯峨，溪谷幽深，植被繁茂，道观林立。有七十二峰、二十四涧、十一洞、十石、十池、九泉、九井、三潭、九台及元、明建筑群等风景胜迹。

武当山也有"道教第一名山"之称。传说早在西周时期，净乐国王子真武来此修炼，并得道成仙，被后世奉为"真武大帝"。之所以得"武当"之名，是因为山上祭奉"真武大帝"，称为"非真武不足当之"，所以叫"武当"。以后，历史上著名道家如吕纯阳、陈抟、张三丰等，皆曾来此修炼。

武当山灵应峰上曾有五龙祠等道观，以后历经唐、宋、元各代的增建扩建，规模不断扩大，但此后山上大部分建筑毁于兵火。燕王朱棣下令重修武当山宫观，命工部侍郎郭琎率三十万军民工匠，在短短十年时间内，建造了净乐宫、迎恩宫、玉虚宫、遇真宫、紫霄宫、南岩宫、五龙宫、太和宫和复真观、元和观等三十三处庞大的建筑群。

鹤鸣山

四川鹤鸣山，又作鹄鸣山，位于四川省剑阁古城之东。相传老聃后人李傕隐居于此山，养鹤为伴，弈棋悟道，山下时闻鹤鸣，故名之为鹤鸣山。

鹤鸣山属岷山山脉，由红岩山分三支南下，均于此落足成峰。中支于此为天柱峰，东支于此为妙高峰，西支于此为留仙峰。山间道观星星点点，掩映在苍松翠柏之中，显得古刹重光。鹤鸣山最早的建筑上清宫，即天师祖庭，后经扩建增饰，到民国时期，已拥有上清、天师、紫阳、迎仙、文昌等上百间殿宇。东汉，张道陵在这里倡导正一盟威之道，也就是俗称的五斗米道，或者天师道。这标志着道教正式创立。所以鹤鸣山成为举世公认的中国道教发源地，被称为"道国仙都"、"道教祖庭"。

龙虎山

江西龙虎山位于鹰潭市贵溪县渔塘乡境，由两山组成，因为二山酷似龙虎，所以得名。也有说法是第一代天师张道陵曾在此炼丹，丹成而见龙虎，故名龙虎山。据说张天师在龙虎山承袭六十三代。

龙虎山上有"百神授职之所"的大上清宫，始建于东汉，为祖天师张道陵修道之所，道教兴盛时期曾建有九十一座道宫、八十一座道观、五十座道院、二十四殿、三十六院。入宋以后，张陵后嗣渐受朝廷重视，龙虎山道教随之兴盛。在宋元时期成为与茅山、阁皂并立的三山符箓之一。

齐云山

安徽齐云山，位于休宁县城西，古称白岳，与黄山南北相望，素有"黄山白岳甲江南"之誉。得齐云山之名是因为最高峰廊崖"一石插天，与云并齐"，乾隆帝称之为"天下无双胜景，江南第一名山"。齐云山以幽深奇险著称，有三十六奇峰、七十二怪岩、二十四涧及其他许多洞泉飞瀑。

唐朝时，道士龚栖霞云游至此，隐居山中天门岩。南宋宝庆年间又有道士余道元入山修炼，并于齐云岩创建佑圣真武祠，此后云游道士纷纷而来。齐云山下的河流与小村浑不在意地分出了"阴阳"，点出了"鱼眼"，张三丰看破玄机，成就了道教名山下最宏丽壮观、形神兼备的天然太极图。

道家讲坛

浮生进退皆自然

道家经书一览

道家经书繁多，而其中主要的除了《道德真经》外，还有以下几本：

《老子化胡经》——西晋道士王浮所作，讲述老子出关后入胡的故事。

《黄庭经》——茅山上清派经典，讲述人神脏腑各有主神，被视为『寿世长生之妙典』。

《大洞真经》——又称《三十九章经》，东晋杨羲作。

《三皇经》——西晋鲍靓所作，主要是召鬼神之术。

《阴符经》——成书年代和作者都不详，主旨也众说纷纭。道教人认为此书是讲修炼之术的。

《清静经》——作者不详。是全真清修派道士早晚必诵的功课，主要讲『清静』之妙。

《玉皇经》——道教举办斋醮时必诵此经。

《心印经》——主要讲内养精气神的内丹修炼术。

《太上感应篇》——宣扬因果报应。

194

附篇

老子《道德经》

道，可道也，非恒道也。名，可名也，非恒名也。"无"名天地之始；"有"名万物之母。故，"常"无，欲以观其妙；常"有"，欲以观其徼。此两者，同出而异名，同谓之玄。玄之又玄，众妙之门。

天下皆知美之为美，斯恶已。皆知善之为善，斯不善已。有无相生，难易相成，长短相形，高下相盈，音声相和，前后相随。恒也。是以圣人处无为之事，行不言之教。万物作而弗始，生而弗有，为而弗恃，功成而弗居。夫唯弗居，是以不去。

不尚贤，使民不争；不贵难得之货，使民不为盗；不见可欲，使民不乱。是以圣人之治：虚其心，实其腹，弱其志，强其骨，常使民无知无欲。使夫智者不敢为也。为无为，则无不治矣。

道冲，而用之或不盈。渊兮，似万物之宗。挫其锐，解其纷，和其光，同其尘。湛兮，似或存。吾不知谁之子，象帝之先。

天地不仁，以万物为刍狗。圣人不仁，以百姓为刍狗。天地之间，其犹橐籥乎？虚而不屈，动而愈出。多言数穷，不如守中。

谷神不死，是谓玄牝。玄牝之门，是谓天地根。绵绵若存，用之不勤。

天长地久。天地所以能长且久者，以其不自生，故能长生。是以圣人后其身而身先，外其身而生存。非以其无私邪？故能成其私。

上善若水，水善利万物而不争。处众人之所恶，故几于道。居善地，心善渊，与善仁，言善信，政善治，事善能，动善时。夫唯不争，故无尤。

持而盈之，不如其已；揣而锐之，不可长保。金玉满堂，莫之能守。富贵而骄，自遗其咎。功成身退，天之道。

载营魄抱一，能无离乎？专气致柔，能婴儿乎？涤除玄鉴，能无疵乎？爱民治国，能无为乎？天门开阖，能为雌乎？明白四达，能无知乎？生之、畜之，生而不有，为而不恃，长而不宰。是谓玄德。

三十辐共一毂，当其无，有车之用。埏埴以为器，当其无，有器之用。凿户牖以为室，当其无，有室之用。故有之以为利，无之以为用。

五色令人目盲；五音令人耳聋；五味令人口爽；驰骋畋猎，令人心发狂；难得之货，令人行方。是以圣人为腹不为目。故去彼取此。

宠辱若惊，贵大患若身。何谓宠辱若惊？宠为下，得之若惊，失之若惊，是谓宠辱若惊。何谓贵大患若身？吾所以有大患者，为吾有身，及吾无身，吾有何患？故贵以身为天下者，若可寄天下；爱以身为天下者，若可托天下。

视之不见，名曰夷；听之不闻，名曰希；搏之不得，名曰微。此三者，不可致诘，故混而为一。其上不皦，其下不昧，绳绳兮不可名，复归于无物。是谓无状之状，无象之象，是谓惚恍。迎之不见其首，随之不见其后。执古之道，以御今之有。能知古始，是谓道纪。

古之善为道者，微妙玄通，深不可识。夫唯不可识，故强为之容：豫兮，若冬涉川；犹兮，若畏四邻；俨兮，其若客；涣兮，其若凌释；敦兮，其若朴；旷兮，其若谷；混兮，其若浊；孰能浊以静之徐清？孰能安以动之徐生？保此道者，不欲盈。夫唯不盈，故能蔽不新成。

致虚，极；守静，笃。万物并作，吾以观复。夫物芸芸，各复归其根。归根曰静，静曰覆命，覆命曰常，知常曰明；不知常，妄作凶。知常容，容乃公，公乃王，王乃天，天乃道，道乃久。没身不殆。

太上，不知有之；其次，亲而誉之；其次，畏之；其次，侮之。信不足焉，有不信焉。悠兮，其贵言。功成事遂，百姓皆谓："我自然"。

大道废，有仁义；智慧出，有大伪；六亲不和，有孝慈；国家昏乱，有忠臣。

绝圣弃智，利民百倍。绝仁弃义，民复孝慈。绝巧弃利，盗贼无有。此三者以为文，不足。故令有所属；见素抱朴，少私寡欲，绝学无忧。

唯之与阿，相去几何？美之与恶，相去若何？人之所畏，不可不畏。荒兮，其未央哉！众人熙熙，如享太牢，如登春台。我独泊兮，其未兆。沌沌兮，如婴儿之未孩。儽儽兮，若无所归。众人皆有余，而我独若遗。我愚人之心也哉，沌沌兮！俗人昭昭，我独昏昏。俗人察察，我独闷闷。淡兮，其若海，望兮，若无止。众人皆有以，而我独顽似鄙。我独异于人，而贵食母。

孔德之容，惟道是从。道之为物，惟恍惟惚；惚兮恍兮，其中有象；恍兮惚兮，其中有物。窈兮冥兮，其中有精；其精甚真，其中有信。自今及古，其名不去，以阅众甫。吾何以知众甫之状哉？以此。

曲则全，枉则直，洼则盈，敝则新，少则得，多则惑。是以圣人抱一为天下式。不自见，故明；不自是，故彰；不自伐，故有功；不自矜，故长。夫唯不争，故天下莫能与之争。古之所谓"曲则全"者，岂虚言哉？诚全而归之。

希言自然。故飘风不终朝，骤雨不终日。孰为此者？天地。天地尚不能久，而况于人乎？故从事于道者，同于道；德者，同于德，失者，同于失。同于道者，道亦乐得之；同于德者，德亦乐得之；同于失者，失亦乐得之。信不足焉，有不信焉。

企者不立；跨者不行；自见者不明；自是者不彰；自伐者无功；自矜者不长。其在道也，曰馀食赘形。物或恶之，故有道者不处。

有物混成，先天地生。寂兮寥兮，独立而不改，周行而不殆，可以为天地母。吾不知其名，字之曰道，强为之，名曰大。大曰逝，逝曰远，远曰反。故道大，天大，地大，人亦大。域中有四大，而人居其一焉。人法地，地法天，天法道，道法自然。

重为轻根，静为躁君。是以君子终日行不离辎重。虽有荣观，燕处超然。奈何万乘之主，而以身轻天下？轻则失根，躁则失君。

善行，无辙迹；善言，无瑕谪；善数，不用筹策；善闭，无关键而不可开；善结，无绳约而不可解。是以圣人常善救人，故无弃人；常善救物，故无弃物。是谓神明。故善人者，不善人之师；不善人者，善人之资。不贵其师，不爱其资，虽智大谜。是谓要妙。

知其雄，守其雌，为天下溪。为天下溪，常德不离。常德不离，复归于婴儿。知其荣，守其辱，为天下谷。为天下谷，常德乃足，复归于朴。知其白，守其黑，为天下式。为天下式，常德不忒。常德不忒，复归于无极。朴散则为器，圣人用之，则为官长。故大制不割。

将欲取天下而为之，吾见其不得已。天下神器，不可为也，不可执也。为者败之，执者失之。是以圣人无为，故无败，故无失。夫物或行或随；或虚或吹；或强或羸；或载或隳。是以圣人去甚，去奢、去泰。

以道佐人主者，不以兵强天下。其事好还。师之所处，荆棘生焉。大军之后，必有凶年。善者有果而已，不敢以取强。果而勿矜，果而勿伐，果而勿骄，果而不得已，果而勿强。物壮则老，是谓不道。不道早已。

夫兵者，不祥之器，物或恶之，故有道者不处。君子居则贵左，用兵则贵右。兵者不祥之器，非君子之器。不得已而用之，恬淡为上。胜而不美，而美之者，是乐杀人。夫乐杀人者，则不可得志于天下矣。吉事尚左，凶事尚右。偏将军居左，上将军居右，言以丧礼处之。杀人之众，以悲哀泣之。战胜以丧礼处之。

道常无名，朴。虽小，天下莫能臣。侯王若能守之，万物将自宾。天地相合，以降甘露。始制有名。亦将知止，知止可以不殆。譬道之在天下，犹川谷之于江海。

知人者智，自知者明。胜人者有力，自胜者强。知足者富；强行者有志。不失其所者久。死而不亡者寿。

大道泛兮，其可左右。万物恃之以生而不辞，功成而不有。衣养万物而不为主，可名于小；万物归焉而不为主，可名于大。以其终不自为大，故能成其大。

执大象，天下往。往而不害，安平泰。乐与饵，过客止。道之出口，淡乎其无味，视之不足见，听之不足闻，用之不足既。

将欲歙之，必故张之。将欲弱之，必故强之。将欲废之，必故兴之。将欲取之，必故与之。是谓微明。柔弱胜刚强。鱼不可脱于渊，国之利器不可以示人。

道常无为而无不为。侯王若能守之，万物将自化。化而欲作，吾将镇之以无名之朴。镇之以无名之朴，夫将不欲。不欲以静，天地将自正。

上德不德，是以有德；下德不失德，是以无德。上德无为而无以为；下德无为而有以为。上仁为之而无以为；上义为之而有以为。上礼为之而莫之应，则攘臂而扔之。故失道而后德，失德而后仁，失仁而后义，失义而后礼。夫礼者，忠信之薄，而乱之首。前识者，道之华，而愚之始。是以大丈夫处其厚，不居其薄；处其实，不居其华。故去彼取此。

昔之得一者，天得一以清；地得一以宁；神得一以灵；谷得一以盈；万物得一以生；侯王得一以为天一正。其致之也，谓天无以清，将恐裂；地无以宁，将恐废；神无以灵，将恐歇；万物无以生，将恐灭；侯王无以正，将恐蹶。故贵以贱为本，高以下为基。是以侯王自称孤、寡、不谷，此非以贱为本邪？非乎，故至誉无誉。是故不欲琭琭如玉，珞珞如石。

反者道之动；弱者道之用。天下万物生于有，有生于无。

上士闻道，勤而行之；中士闻道，若存若亡；下士闻道，大笑之。不笑不足以为道。故建言有之：明道若昧，进道若退，夷道若颣，上德若谷；广德若不足；建德若偷；质真若渝；大白若辱；大方无隅；大器晚成；大音希声，大象无形，道隐无名。夫唯道，善贷且成。

道生一，一生二，二生三，三生万物。万物负阴而抱阳，冲气以为和。人之所恶，唯孤、寡、不谷，而王公以为称。故物或损之而益，或益之而损。人之所教，我亦教之。强梁者不得其死，吾将以为教父。

天下之至柔，驰骋天下之至坚。无有入无间，吾是以知无为之有益。不言之教，无为之益，天下希及之。

名与身孰亲？身与货孰多？得与亡孰病？甚爱必大费；多藏必厚亡。故知足不辱，知止不殆，可以长久。

浮生进退皆自然

大成若缺，其用不弊。大盈若冲，其用不穷。大直若屈，大巧若拙。大辩若讷。静胜躁，寒胜热。清静为天下正。

天下有道，却走马以粪。天下无道，戎马生于郊。祸莫大于不知足；咎莫大于欲得。故知足之足，常足矣。

不出户，知天下。不窥牖，见天道。其出弥远，其知弥少。是以圣人不行而知，不见而明，不为而成。

为学日益，为道日损。损之又损，以至于无为。无为而无不为。取天下常以无事，及其有事，不足以取天下。

圣人常无心，以百姓之心为心。善者，吾善之；不善者，吾亦善之；德善。信者，吾信之；不信者，吾亦信之；德信。圣人在天下，歙歙焉，为天下浑其心。百姓皆注其耳目。圣人皆孩之。

出生入死。生之徒，十有三；死之徒，十有三；人之生，动之于死地，亦十有三。夫何故？以其生之厚。盖闻善摄生者，路行不遇兕虎，入军不被甲兵。兕无所投其角，虎无所用其爪，兵无所容其刃。夫何故？以其无死地。

道生之，德畜之，物形之，势成之。是以万物莫不尊道而贵德。道之尊，德之贵，夫莫之命而常自然。故道生之，德畜之；长之育之；成之熟之；养之覆之。生而不有，为而不恃，长而不宰。是谓玄德。

天下有始，以为天下母。既得其母，以知其子，复守其母，没身不殆。塞其兑，闭其门，终身不勤。开其兑，济其事，终身不救。见小曰明，守柔曰强。用其光，复归其明，无遗身殃，是谓袭常。

使我介然有知，行于大道，唯施是畏。大道甚夷，而人好径。朝甚除，田甚芜，仓甚虚；服文采，带利剑，厌饮食。财货有余；是谓盗夸。非道也哉！

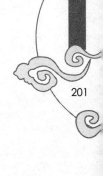

善建者不拔，善抱者不脱，子孙以祭祀不辍。修之于身，其德乃真；修之于家，其德乃余；修之于乡，其德乃长；修之于邦，其德乃丰；修之于天下，其德乃普。故以身观身，以乡观乡，以邦观邦，以天下观天下。吾何以知天下然哉？以此。

含"德"之厚，比于赤子。毒虫不螫，猛兽不据，攫鸟不搏。骨弱筋柔而握固。未知牝牡之合而朘，精之至也。终日号而不嗄，和之至也。知和曰"常"，知常曰"明"。益生曰祥，心使气曰强。物壮则老，谓之不道，不道早已。

知者不言，言者不知。塞其兑，闭其门；挫其锐，解其纷；和其光，同其尘。是谓玄同。故不可得而亲，不可得而疏；不可得而利，不可得而害；不可得而贵，不可得而贱。故为天下贵。

以正治国，以奇用兵，以无事取天下。吾何以知其然哉？以此：天下多忌讳，而民弥穷；人多利器，国家滋昏；人多伎巧，奇物滋起；法令滋彰，盗贼多有。故圣人云："我无为，而民自化；我好静，而民自正；我无事，而民自富；我无欲，而民自朴。"

其政闷闷，其民淳淳；其政察察，其民缺缺。是以圣人方而不割，廉而不刿，直而不肆，光而不耀。祸兮福之所倚；福兮祸之所伏。孰知其极？其无正也。正复为奇，善复为妖。人之谜，其日固久。

治人事天，莫若啬。夫唯啬，是谓早服；早服谓之重积德；重积德则无不克；无不克则莫知其极。莫知其极，可以有国；有国之母，可以长久；是谓根深固柢，长生久视之道。

治大国，若烹小鲜。以道莅天下，其鬼不神。非其鬼不神，其神不伤人，非其神不伤人。圣人亦不伤人。夫两不相伤，故德交归焉。

大邦者下流，天下之牝，天下之交也。牝常以静胜牡，以静为上。故大邦以下小邦，则取小邦；小邦以下大邦，则取大邦。故或下以取，或下而取。大邦不过欲兼畜人，小邦不过欲入事人。夫两者各得其欲，大者宜为下。

道者万物之奥。善人之宝，不善人之所保。美言可以市尊，美行可以加人。人之不善，何弃之有？故立天子，置三公，虽有拱璧以先驷马，不如坐进此道。古之所以贵此道者何？不曰：求以得，有罪以免邪？故为天下贵。

为无为，事无事，味无味。大小多少。报怨以德。图难于其易，为大于其细；天下难事，必作于易；天下大事，必作于细。是以圣人终不为大，故能成其大。夫轻诺必寡信，多易必多难。是以圣人犹难之，故终无难矣。

其安易持，其未兆易谋；其脆易泮，其微易散；为之于未有，治之于未乱。合抱之木，生于毫末；九层之台，起于累土；千里之行，始于足下。为者败之，执者失之。是以圣人无为故无败，无执故无失。民之从事，常于几成而败之。慎终如始，则无败事。是以圣人欲不欲，不贵难得之货，学不学，复众人之所过，以辅万物之自然而不敢为。

古之善为道者，非以明民，将以愚之。民之难治，以其智多。故以智治国，国之贼；不以智治国，国之福。知此两者亦稽式。常知稽式，是谓"玄德"。"玄德"深矣，远矣，与物反矣，然后至大顺。

江海之所以能为百谷王者，以其善下之，故能为百谷王。是以圣人欲上民，必以言下之；欲先民，必以身后之。是以圣人处上而民不重，处前而民不害。是以天下乐推而不厌。以其不争，故天下莫能与之争。

天下皆谓我道大，似不肖。夫唯大，故似不肖。若肖，久矣其细也夫！我有三宝，持而保之。一曰慈，二曰俭，三曰不敢为天下先。慈故能勇；俭故能广；不敢为天下先，故能成器长。今舍慈且勇；舍俭且广；舍后且先；死矣！夫慈以战则胜，以守则固。天将救之，以慈卫之。

善为士者，不武；善战者，不怒；善胜敌者，不与；善用人者，为之下。是谓不争之德；是谓用人之力。是谓配天古之极。

用兵有言："吾不敢为主，而为客；不敢进寸，而退尺。"是谓行无行；攘无臂；扔无敌；执无兵。祸莫大于轻敌，轻敌几丧吾宝。故抗兵相若，哀者胜矣。

吾言甚易知，甚易行。天下莫能知，莫能行。言有宗，事有君。夫唯无知，是以不我知。知我者希，则我者贵。是以圣人被褐而怀玉。

知不知，尚矣；不知知，病也。圣人不病，以其病病。夫唯病病，是以不病。

民不畏威，则大威至。无狎其所居，无厌其所生。夫唯不厌，是以不厌。是以圣人自知不自见，自爱不自贵。故去彼取此。

勇于敢则杀，勇于不敢则活。此两者，或利或害。天之所恶，孰知其故？天之道，不争而善胜，不言而善应，不召而自来，然而善谋。天网恢恢，疏而不失。

民不畏死，奈何以死惧之？若使民常畏死，而为奇者，吾得执而杀之，孰敢？常有司杀者杀。夫代司杀者杀，是谓代大匠斫。夫代大匠斫者，希有不伤其手者矣。

民之饥，以其上食税之多，是以饥。民之难治，以其上之有为，是以难治。民之轻死，以其上求生之厚，是以轻死。夫唯无以生为者，是贤于贵生。

人之生也柔弱，其死也坚强。草木之生也柔脆，其死也枯槁。故坚强者死之徒，柔弱者生之徒。是以兵强则灭，木强则折。强大处下，柔弱处上。

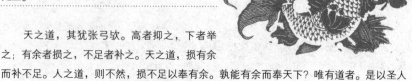

天之道，其犹张弓欤。高者抑之，下者举之；有余者损之，不足者补之。天之道，损有余而补不足。人之道，则不然，损不足以奉有余。孰能有余而奉天下？唯有道者。是以圣人为而不恃，功成而不处，其不欲见贤。

天下莫柔弱于水，而攻坚强者莫之能胜，以其无以易之。弱之胜强，柔之胜刚，天下莫不知，莫能行。是以圣人云："受国之垢，是谓社稷主；受国不祥，是为天下王。"正言若反。

和大怨，必有余怨。安可以为善？是以圣人执左契，不责于人。故有德司契，无德司彻。天道无亲，常与善人。

小国寡民。使有什伯之器而不用；使民重死而不远徙；虽有舟舆，无所乘之；虽有甲兵，无所陈之。使人复结绳而用之。至治之极。甘美食，美其服，安其居，乐其俗。邻国相望，鸡犬之声相闻，民至老死不相往来。

信言不美，美言不信。善者不辩，辩者不善。知者不博，博者不知。圣人不积，既以为人，己愈有，既以与人，己愈多。天之道，利而不害；圣人之道，为而不争。